賀志堅著

文學叢刊

月露風雲散文集

文史哲出版社印行

國家圖書館出版品預行編目資料

月露風雲散文集 / 賀志堅著. -- 初版. -- 臺北
市: 文史哲, 民 91
面： 公分 - （文學叢刊 ; 141）
ISBN 957-549-457-1 (平裝)

855 91013952

文學叢刊 ⑭

月露風雲散文集

著　者：賀　志　堅
出版者：文史哲出版社
登記證字號：行政院新聞局版臺業字五三三七號
發行人：彭　正　雄
發行所：文史哲出版社
印刷者：文史哲出版社
臺北市羅斯福路一段七十二巷四號
郵政劃撥帳號：一六一八〇一七五
電話 886-2-23511028・傳真 886-2-23965656
實價新臺幣 三二〇元
中華民國九十一（2002）年八月初版

ISBN 957-549-457-1

月露風雲散文集

『文章浮薄，何殊月露風雲』。

——「齊梁間文字，連篇累牘，不出月露之形；積案盈箱，盡是風雲之狀。」

隋·李諤

與君心契於一時

賀志堅

「與君心契於一時」，是我在25年前，出版的一本散文集──《相思林》序言的題目，我在文內，曾引用曹丕的話說：「貧賤則懾於饑寒，富貴則流於逸樂。」一個人的生活，貧賤不至於爲衣食所迫，富貴亦不至於爲聲色所迷；兢兢孜孜於公私之暇，而尚能以舒坦、輕鬆、悠閒、靜觀之心情，挪出一點時間，來閱讀、來寫作；且在這一讀一寫的一念之間，讀到的文章，能使自己進德修身，發幽冥之光；寫出來的作品，能娛己復能娛人，此誠乃人生最難能可貴的一大快事也。

筆者出生於江西蓮花，求學在古都南京；成長於寶島臺灣。這三個地方──江西蓮花雖地處偏壤，但純樸淳厚爲一典型的山城田園風味小邑；而古都南京，則是六朝金粉、龍盤虎踞的歷史名城，雖然兩者風格迥異，但江山秀美，景物瑰麗，二者皆爲江南風光之最美者；而海島臺灣，則更是山明水秀、花木長青、四季如春之聖地，喻之爲中國孤懸海外之寶島，洵乃至當至善之論也。由於寶島氣候溫和，物產豐盈，風光綺麗，景色宜人，因而孕育並賦與了每一個人，都喜愛自然山色，田園風光的思維與性格。

所以，筆者這本書中，所收集的作品，全都是對山川靈秀、天光雲影的讚頌；農莊風情，田園美景的歌唱；雖然大都是一些小花小草；花鳥蟲魚……各種生態、姿容的勾勒和描繪，不是什麼驚天地、動鬼神的大文章，但每一篇、每一句，甚至每一個字，都是經過仔細的揣摩和精心的安排組合而成的。每一篇都是在純抒情、純描景、純寫實的動機下著筆，雖不是擲地金聲，字字珠璣，但下筆時，我所秉持的，是一顆赤子之心，忠實而誠懇地，把筆者內心的感情，全神灌注在大自然間的一景、一物之上：和所喜所愛、所感觸的，各種各樣的事物情懷之中，點點片片，描繪綴合成爲一篇文章，我眞是全力以赴了。所以，我固不敢說：閱讀此書，一定能有所獲益，但望能與您—心契、心儀於一時，並從內心共同說一聲：「啊，這自然世界的一切，眞美！」則余願足矣！

若再能蒙您，將書置諸案頭，輕壓枕邊，偶有閑暇取來翻閱，讓你神遊山林平疇，田園農莊之中；聽流水淙淙、鳥鳴嚶嚶；花木迎風，蜂飛蝶舞；看藍天白雲，看雨後彩虹；綠野風光之美、花鳥蟲魚之樂；雖足不出戶，這幅江山如畫的美景，亦能盡收眼底，如能博君一粲，則余既感且謝，而更樂其樂矣，是爲序。

賀志堅　二〇〇二年四月十六日寫於板橋市蓮花廳書屋

月露風雲散文集 目次

風雨瑞芳

來到瑞芳，一晃就三年了！

這個鄰近臺北市，但卻顯得偏僻的小鎮，過去以盛產黃金與煤炭聞名，熱鬧繁華，被人比作小上海。如今，由於鑛底金漸盡，煤源亦漸窮，昔日繁華不免歸於平淡。

這個座落在狹長山谷中的小市鎮，四面環繞著高山，平地面積不怎麼大，而一年四季，差不多有一半的時間，是浸淫在斜風細雨之中，生活在這小山城裏的人，膠靴、洋傘、雨衣，乃必須的個人裝備；初來到這裏也許深感不便，但日子久了，也就慢慢習慣。

每當狂風，從山的那邊，攪翻了海洋，白浪滔天，水花四濺，又挾其餘威，打從山坳裏，呼嘯地掃過這狹長的山谷小鎮時；長長的雨絲，被風吹斷了，細細碎碎的，稀稀落落的，不像雨，不像雲，也不像霧，好像一團團的粉末，在狂風中滾動，滿眼盡是一片迷濛與灰暗，在空氣中，縹緲、飛奔、流竄；從早到晚，就這樣單調的，一波又一波、一陣又一陣的，風雨雲霧、雲霧風雨，周而復始，輪廻循環。

在這裏住了三年，我不知道到底有過多少個晴天，但只記得，一遇到晴朗的好天氣，我們的上司，就會在麥克風裏，喜不自勝的叫著：「難得有這麼一個好天氣，希望各位青年朋友，把握住屬於你們自己的一分一秒，到室外的廣場去，晒晒太陽，看看藍天……」由這幾句語帶幽默的話，我們就不難知道，一個晴天，在這裏是多麼被人珍視與愛惜。

是的，我們也的確從不放棄，每一個晴天，尤其是在這秋高氣爽的時候，在公餘飯後，走出宿舍，到田野，到河邊；一逢假日，還要忙裏偷閑，把觸鬚伸到附近的山中，起初是揀晴天，但有幾次出門原是晴天，到了山中，卻又變成雨天了，好在雨中生活慣了，也沒有什麼可怨的，就以「既來之，則安之」的態度，泰然以處，在岩石下，在樹叢中，在花草堆裏，處處可以藏身，可以躲雨，在深山中，有些野生潤葉樹，樹葉濃密，層層疊疊有如涼棚一樣，還有一些常見的野生芋頭，它的葉片有如小傘，高出人頭，在芋葉傘下躲雨，雨點打在芋葉上，發出丁丁冬冬的聲音，又聚合成銀亮的珠顆，在芋葉上盪來盪去，格調更顯得別致，更覺得山中的雨，比平地的雨，另有一番韻味。

雨住了，陽光又映照在樹林深谷，就有如王勃說的：「虹銷雨霽，彩徹雲衢」的那個情景，尤其，雨後那股鮮嫩與翠綠，頓時間能在你心上，激發出無比的欣羡與喜悅，使你領悟到生命的可愛。

在這小小的山城裏，有春天，也有冬天；但就是沒秋天，因此，我更無法體會「停車愛坐楓林晚，霜葉紅於二月花」的秋意。深林中有楓樹，但枝葉扶疏，臨風搖曳，秋天了仍是蔥蘢得可愛，沒有枯黃，更沒有飄索的景況，倒是「遠上寒山石徑斜，白雲深處有人家」，這兩句詩，深深的吸引著爬山者！

這裏沒有秋天的肅殺，但卻有一份令人舒暢的清新，寄話有興趣到小山城來的朋友，不妨在你的行囊中，放把兩傘；晴天，你可披著林蔭，踏著草徑，仰觀古樹遮天，俯察綠茵撲地，花甜草香，蟲聲鳥語，你可以儘情領受這份在城市中，難得的安詳與寧靜；如果雨天，且張開你的小傘，且行且住且歌，在深林的淅淅雨聲中散散步，靜觀萬物；如果你一時詩興勃發，文思湧現，高吟低唱，俯仰由之，其舒爽暢達，逸興遄飛之情，就更非筆墨所能形容的了。

中央副刊一九七三年（六二）十一月七日

瑞芳三瓜子坑路蓮花廳

在瑞芳山中

瑞芳，這個名字，一聽就給人以洵美和雅致的感覺。

它的四周都是山，高插在它東南面的許多山峯，尤其幽美；漫山滿谷的竹林，以及那些密密麻麻的相思樹，在山腳下，抬頭仰望，橫翠送青，那股子沁人的綠意，伸手就可以掬得起來一樣。

當你還未進入山中，身旁就傳來了「沙沙、洪洪」之聲，那就是山風穿越竹林，頡頏在樹枝或岩石上的回音；蜿蜒奇曲的山徑，盤著大大小小的山峯，廻旋環繞；大大小小的峯巒，也跟著條條細細的山徑，往來地旋轉；人行山中，就有如進了走馬燈籠似的。

山間的溪流，在山與山之間，潺潺的瀉出，有如傾銀潑乳，層層疊疊地奔馳而下，清澈明亮，用雙手掬起來，潑在臉上，清涼極了，不由得你不俯身下去，多喝它個幾口，這清涼的滋味，不是平常「甘甜」兩個字所能形容得來的。

那些在深山之中，耕田種地的人家，把他們的農舍茅屋，刻意地建築在那山水之間，屋前屋後，都是休們自己雙手開闢出來的梯田，層層疊疊，疊疊層層地，高掛在每一個山坡與山坳之上，像大的棋盤，也像一張一張的魚網，其格局之高，線條之美，即使世上最偉大的畫家見了，也不能不嘆爲觀止的！

晨間的深山，山上山下，都是迷濛一片，沉沉的山霧，好像一個貪睡的蠢漢，慵懶地蜷伏在樹叢、草地、花間，在茅屋簷下，飄渺、浮漾、游移；這時雞啼狗吠，鳥鳴山中，每一間低矮的茅屋上，用磚堆砌的煙囪中，已升起嫋嫋娜娜的炊煙。

深山中，最好的時刻，是日正當中，那時陽光掩映，竹枝樹葉，迎風弄影，忽明忽暗，變幻無窮，耳聽和風輕拂，澗水琤琮；天上浮雲，鳥鳴上下，花草樹木，在煦和的陽光下，欣欣向榮。人在這種景況之中，怎不舒暢快樂！

深山中，整天都有打柴伐木的人，叩木砍枝之聲，此起彼應，他們工作雖然辛苦，但嘹亮悅耳的山歌，仍是哼個不停；那些在路上行走的人，或是在樹蔭下休甜的人，更是前呼後應，笑談風生，一片熙攘喜悅，洋溢在深山之中。

小溪中，小魚和黑蝦很多，都深藏在那些壁洞石罅之間，水清見底，但深不過膝，那些國小和國中的學生，滿臉泥污露著緋紅，衣褲雖然濕透，但仍捉魚摸蝦，樂此不疲。每有所獲，驚呼、歡笑之聲盈耳。

山中果木不多，間或也有三五株柚子石榴之類的果樹，高高地生長在山坡上，或道路邊，在樹梢的頂端，掛上幾個紅熟剔透的果實，勾引著遊人，佇足遠觀，望樹而垂涎。

這裏實在是一個典型的小山城，沒有車馬過份的喧囂，也沒有霓虹的閃耀，我以所以愛它，就是這地方的僻靜，和愛這滿山的秀美。

公餘暇日，登臨其中；春天，我拾取滿山的芳香；夏天，我迎受大樹蔭庇的風涼，四時之景雖日不同，但我對它們的愛，卻從沒有挑剔與選擇。

中央副刊一九七四年（六三）三月二八日

瑞芳三瓜子坑路蓮花廳

鄉村之歌

秋天，是一年中最具性格的季節，有強烈的風，有火紅的太陽，有清澈奔馳的流水；在平坦的原野上，更有時時掀動著的金色波浪；是稻穗、是玉米、是高粱、是各種蔬菜及瓜果……它們在風裏，在陽光裏，散發出成熟的芳香，莊稼漢成年被風吹、雨淋、日晒，陶鑄成的古銅色的臉上，那份洋溢的喜悅，被秋天的陽光烘托得更生動、更活躍；他們用雙手捧著金黃色的稻粒，笑的花朵就自然地綻開在他們的臉上，你用不著翻書本、看畫冊、查字典，問耕耘和收穫是什麼意義？在他們樸實的臉上，就可以清楚的讀出。

×　×　×

來到這裏，最惹人注意的事，就是散布在草坪上的鵝群。我生長在農村，從小就跟牠們很接近，多少年不見了，竟在這裏又和牠們重逢，的確有說不出的高興。

每當那些路過草坪邊緣的人，祇要把腳步停下來，牠們都驚訝地伸長脖子，高聲的叫嚷，昂首挺胸、舒展雙翼，跩跩地向你走過來，又毫無意思的掉轉頭，施施地走回去。搖頭擺尾，魁梧！雄奇！傲岸，有一種懾人的威儀。

我每天踏著曉色出門，牠們還被關在籠子裏，待日正當中歸來，牠們大夥兒，又成堆的慵懶地蜷臥在草坪的樹蔭下，我常常故意把車鈴揿揿，牠們就一哄而起，每一雙眼睛都對著我，同時大聲地叫嚷。然後有的像紳士，一股彬彬有禮的樣子，點著頭，以堅定的脚步，大模大樣的走開；有的眞好像一位暴君，有一般凜然不可侵犯的嚴肅，脖子僵直著，毫無表情，你如膽敢向牠走去，牠們脖子挺得更硬，嗓門叫嚷的聲音更大；頭上頂著一個肉包，黃澄澄的，在陽光裏發出油亮亮的閃光。

×　×　×

記不清是那一個早晨，我在屋子的陽台上，作健身運動，突然兩隻白鷺，從我頭上飛過，我正抬頭仰視，又兩隻、四隻……跟著而來的，是一群又一群；張著白色的翅膀，嘎然長鳴，俯臨著這片綠色的原野，快要接近平地線時，白色的輕翼，水平般的伸張著，徐徐地緩慢的，低飛、盤旋、平飄，落在剛蒔下秧苗的稻田中……

有的兩脚剛剛垂直還沒有落地，又振翼而起，在微風輕拂、朝霧瀰漫的早晨，牠們如此飛上又飛下，陣陣白影在空中飄動。

有的一飛沖天，霎時，那麼高，那麼遠，一個白點，一個幻影，在天際消失……俄而，幾聲長鳴，又平直著雙翼，低飛、盤旋、平飄，降落在牠們的群伍中。

牠們目光銳利，整天在稻田和草坪裏，巡行著：泥鰍、小蟲、魚蝦、蚯蚓，都是牠們獵取的對象，牠們似乎不怕農夫們的吆喝，及附近機械聲的干擾，整天在田間、溪畔自由自在的徜徉。

一直到黃昏來臨，突然一個同伴的振翼高飛，就又三三兩兩、三三兩兩的飛向牠們來的地方。

中央副刊一九七五年（六四）七月一四日
板橋金華街和平公寓

河山春曉

爲去羅東，起了個大清早，衝著滿天濃霧出門，到臺北西站，才七點廿分；眞好！一不要排隊買票，又不須鵠候等車，這樣的外出遠行，心情實在舒暢透了！寬敞乾淨的金馬號，按時開出西站，不僅一點也不擁擠，而且後座還空了十幾個位子；頓時覺得：如果每一個人，都能善加利用屬於自己的任何空閒時間出門，不衝在那些節日假期去趁熱鬧，於人於己實在方便多了！而且，交通壅塞的現象，也必將因此而得能稍加改善；我一上車就有這一想法。

車子繞過北門迅速地滑上了中山南路，兩旁的行道樹，經過一夜的雨露洗潤，沾滿塵土的樹葉光澤多了，加上兩旁各色的杜鵑花叢，在晨光中燦然怒放，爲這早春的清晨，頻添許多嫵媚與韻味。

過了景美橋，高樓櫛比的硬派形象，漸漸少了，你的視線，可以跳越一些矮低的房屋，接觸到一大片一大片的綠色；天邊閒雲遄飛，青山在望。

車子經過新店，沒有人上下，就長驅直入地開上了北宜公路。這裏房屋建築的形態，有點像基隆，大都依山修建，所不同的，是佔地空間較大，空氣新鮮，不像基隆擁擠，煙塵瀰漫。

國史館及立體游泳池在青潭路邊，人在車中，祇能憑窗遠眺，巍峨的屋宇，隱隱約約的矗立在青山翠谷之中，偶而露出來一個屋角，一方紅欄，一片綠瓦，加上山霧上下迷濛，看上去很有宋元名畫的風格。

車過了青潭，算是已經正式入山了，但由於路面平坦，卻使你沒有一點爬山的感覺。這時陽光撒滿了山林，滿山滿谷，在春天特有的雲霧氤氳瀰漫中，樹葉花草，展露著它們的青綠，桃花迎風盛開，一些不知名的花含苞待放；一路上雖然沒有看到一棵桂花樹的影子，卻是滿山桂花馨香，一陣又一陣的隨風送進車來，令人神志清爽，又令人迷惘陶醉。當然更可愛的，還是路的兩旁，那些枯枝上的新芽和嫩葉，在陽光中，油油亮亮地向上生長——有的沁綠，有的暗紅，那股子青翠、鮮嫩、清新、活潑和生動的勁兒，眞像一個個剛出生的嬰兒，那樣透人喜愛；每一個苞芽，每一點新綠，每一片嫩葉，在每一根枝頭的頂端，衝著微風和陽光，在蠕動！在跳躍！在嘻笑！哦！這多可愛的翠綠鮮嫩的小生命！

小時候，在故鄉江西蓮花，那個典型的山窠城市，那些田莊上，小河邊，常常見到的涼芽樹，（亦稱涼茶樹，小孩摘來生吃，晒乾可以當茶葉泡開水，可以解渴，可以消炎）離開家鄉，就從未看到過，這次在北宜公路上，卻又不期然發現了，它長得像家鄉的涼芽樹一模一樣，枝兒光禿禿的，粗粗壯壯的，每一根枝頭上，都長滿了肥胖挺直，紅紅艷艷的嫩芽，我眞想伸出手去，摘它幾束來吃個痛快，但隔著玻璃，咫尺天涯，祇有望芽懷想，「倆情」依依；儘管如此，那股子甜酸的味兒，卻仍如一下子就從三十多年前的回憶裏，一滴溜就到我嘴巴裏來了；更彷彿自己又和兒時的遊伴，手裏拿著涼芽，嘴裏咀著涼芽，相互嬉戲追逐的情景來。

北宜公路的兩旁山上，有三種樹最多，欜樹，松樹和相思樹。欜樹和松樹，雖然是長青樹木，葉的顏色變化不大，但在春天，顯然也有它們的特色。

欜樹上那一支支的黃而帶紅，肥嫩粗壯的芽條，外面包著一層乳白色的絨毛，畢直矗立在欜樹每根枝椏的梢頭，像千千萬支尙未點燃的臘燭，在陽光下，在微風中顫抖搖曳，「數大便是美」滿山滿谷，盡是亭亭直直的欜芽，在樹梢上柔軟地迎風晃漾，是那樣柔和而又富韻律自然的美，的確也夠動人。

松樹的花，（也叫松球）顏色也是黃的，花瓣是一種硬亮，也許祇有這種花是木質的，看上去層層疊疊，千孔百穴，有如一個個小蜂巢，也像經過細工彫刻的通花小燈籠，垂掛在松樹的針葉之間，山風吹來，滿山的松樹，所發出來的呼嘯之聲，可以震撼整個山林，這就是李白說的：「如聽萬壑松」的千山萬壑瑟瑟籟籟的松濤之聲了。

至於那些想思樹，它除了擁有一個美麗得令人神馳的名字外，把它當作觀賞花木，是一無可取的；但是相思樹的本身，由於質地堅硬，腐蝕性很低，而且又耐潮濕，用途倒是蠻廣的，除了燒成木炭，最主要的用途，在這裡還是用作煤礦坑道中的頂柱，非它莫屬；因此，我們對一些事物，不能以它的外表，來決定它內在價值。相思樹也許是一個最好的說明。

十多年來，我經過北宜公路，怕有六、七次之多，路的兩畔，丟滿了冥紙，還是近幾年才有的事，以前祇在農曆七月十五前後，但現在卻是隨時在撒，而且有越趨嚴重之勢；這是基於什麼原因而引起的？我問一位隨車服務的金馬小姐。說是北宜公路翻山越嶺，峭壁危岩，陡坡急彎太多，而且往來車輛頻繁，故時常有肇禍事件發生，一旦出事，都是九死一生，爲了超渡這些冤魂枉鬼，行車的人祇好出點「買路錢」，祈求保佑行車安全。因此，凡是初次開車經過北宜公路的人，大都在臺北的新店，或宜蘭的礁溪，就買好錫箔紙錢，入山後一路隨手散發。尤其一些急彎陡坡、狹橋地帶，丟的金銀錢紙最多。因爲這些地方也最危險。

我問這位小姐，這樣做了是否證明有車禍減少的現象？「這就難說了」！她說：「我們這樣做，祇求自己心靈的平安而已，至於有沒有效應，我們從來沒有去想過」。這倒是一種最好的處世哲理呢！——但求心安而已。

說實在的，這件事的本身，並沒有非議之處，但是對這件的處理，倒是有待商榷了！

我倒想到，記得去年世界發生造紙原料奇缺的問題，造紙公司不妨撥出一輛卡車，每隔一星期，去收拾一次，一定滿載而歸，當可節省一筆原料費用呢？君不信去看看，實在太多了，撇開髒亂不談，任其把路畔水溝壅塞，廢紙滿地，不加利用，也算暴殄天物吧？

小格頭及老寮，是北宜公路的頂點，過此就是逐漸走下坡。這裏也許是深山的關係，高聳入雲的老松樹，到處可以看到，而且比你前面看到過的，要蔚然而茂綠得多呢？

坪林，是北宜公路的中途站，到過北宜公路的人，對坪林，這個深山中的小市鎮印象一定是深刻的，四面環山，中間有條小河，它不僅是中途站，而且更是北宜公路上，獨一無二的小盆地，車到這裏循例有十分鐘的休息，讓旅客活動活動筋骨，買點水菓，或吃點零食。大概由於時間的關係，坪林的許多小店，大部份是販賣飲料，要想吃塊麵包，也很困難，祇有當地出產的芋頭做的米糕，以及紅薯粉做的煎餅，上面放幾隻蝦子，在油鍋內煎得紅紅的用醬油沾得吃，顧客爲了趕時間，都是狼吞虎嚥，吃的東西還未塞進肚子，就往車上跑。我因爲在臺北沒有用早點，也買了一塊豆腐和紅薯餅吃，害得我肚子痛了老半天。爲了衛生，似乎應該設法加點包裝，可以携帶上車就好了。

坪林山腳下那條小河，魚蝦很多，每一家飲食店的門口，都用一隻四方方的玻璃箱子，養了許多鮮魚和活蝦子，而這些鮮魚和活蝦，就是從山下小河中捉來的，你坐在車上，就可以看到，有些大人和小孩，手拿一個三角網，在河裏撈個不休。聽說漁獲量很高，收入還不錯。

坪林，雖然是一個小盆地，但平地面積不大，所有的稻田和菜地，都是一小格、一小格，長的，方的，層層，疊疊，斜掛在每一個山坡之上，這就是所謂：臺地和梯田，沒有看過梯田的人，到坪林去，就可以實地見識一番了，這裏是北宜公路上，梯田耕作的典型地區。

車子離開坪林和石碇，就進入宜蘭縣境了，遠遠的看到宜蘭縣長李鳳鳴，樹立的那塊「歡迎光臨」的牌子，在這空寂的深山中，給予旅途悃倦的人，許多溫慰之情。

山中，盡是一些低矮的小松樹，山坡的傾斜度，也愈來愈大，急彎最多，居高臨下，頭城、礁溪，全入眼底，山下已犁平尚未插秧的稻田，就像千千萬萬塊，玻璃鏡子，在春天氳氳的陽光下，閃閃發光，蔚爲奇觀。

當車子從礁溪的四結出山後，緩緩地進入平地，蘭陽平原，就像一塊布板，平舖在你眼前，因爲從礁溪開始，全部農田和水利，都經過整理和重劃，每一塊稻田，都是方方正正，每一道水溝，每一條田界，以及田壠中的道路，都是畢直無比，整個平原，就有如一隻美好的棋盤，一間農舍茅屋，一彎小橋流水，一畦菜圃，一方稻田，一棵大樹，一團修竹，就像圍棋盤上，排列的棋子，是那樣平整，那樣和諧；北宜公路峰巒挺秀，山色固多嬌麗，但平原上的田地，整齊劃一，以幾何線條，所形成的田園景觀，其格局之美，又豈是「嬌麗」兩字，所能概括的？因此，蘭陽平原的田園景色，也是值得一看的。

北宜公路景色優美，而且氣候變化很大，那天我下午歸來從宜蘭上車，還是陽光普照，但一過石碇，就陰雲四合，既而大霧瀰濛，人坐車中，臉上仍覺得陰冷異常，過了坪林之後，遠山近林，全浸霪在深濃的迷濛之中，路旁的樹木只是一些幢幢的黑影，分不出它到底是什麼樹了，車窗雖然關起來了，但仍有濕厚的霧氣，從天窗或門窗的隙縫中，扁著身子竄進來，雖然是大白天，往來車輛，都打開前後燈光，緩慢行駛，在混沌一片中摸索，等過了風路頭站，才稍見明朗，只見山谷裏的濃霧，像一團一團的棉花球一樣，在向山巓升湧，陽光又從稀薄或濃霧的隙縫中，投射在路兩旁的樹上，層層疊疊的綠葉上，大顆小顆的水珠，從樹梢頭一顆顆的滴流不止，正像王維說的：「萬壑樹參天，千山響杜鵑，山中一夜雨，樹杪百重泉！」以這幾句詩，來形容此時此地的景緻，的確最適當也沒有了。

青年副刊一九七六年（六五）四月廿二日

板橋和平公寓

春天來了

冬天拖著長長的尾巴，在冰融之前，舉行殯葬的消息，是牆上的一朵小花，首先得到的；它來不及戴上那頂紅色的小花帽，就從隙縫中鑽出頭來，兩隻綠色的耳朵，豎得高高的，等北風呼嘯而過，便連滾帶爬的，從牆縫中擠了出來。

——一聲呼喊：「春天來了！」

——大地於焉甦醒……

久被烏雲禁錮的太陽，脹紅了臉，在東邊的山尖，氣憤地沖出來，一口氣，就把，那股暖麗的陽光，慷慨地傾瀉在海面、山崗、田野、樹梢、花叢、鄉村和城鎮……

小溪的流水，更是輕快地奔流著，慌慌張張的，把消息傳散開去。於是廣漠無際的田園，綠了！滿山、滿地，都是青青嫩嫩的針尖兒，在清輭的和風中，伸展著一個個新的生命。

掠水的燕子，剪落了河邊貪睡的柳枝的殘葉，顯得更輕盈綽約了，隨風擺弄著她婀娜的細腰，熱情地舞踊又浮飄；絮花飛揚著。

「春天來了！」

鄉下的孩子最敏感，他們換上了輕薄的衫子，坐在牛背上，讓風兒吹著，小笠兒背在背上，嘴邊橫著一根竹笛，悠揚婉轉的笛聲，就在大自然中揚開來。

草地上有更多的孩子，在跳著，跑著，笑著，唱著，打個滾，翻個筋斗，捉回迷藏，你追我趕，嘻嘻哈哈，鬧成一團。……

年青的太陽，在藍天白雲裏漫遊著，樹上綠色的風，流得更濃了，春天更成熟了，孩子們手牽著各式各樣的紙鳶，爲久被禁錮的太陽，送上安慰與祝福！

春天是屬於孩子們的，她們踩著春天的陽光引吭高歌，盡情歡笑又跳躍；春天爲他們帶來了快樂；她們也爲春天，抹上了光彩，更顯得綺麗多姿了！……

看！紅的花兒鮮，白的花兒嫩，綠的葉兒更肥美；小鳥兒在空中，翱翔飄飛而上下；蜂兒蝶兒，在綠蔭裏，花叢中，迎風舞踊，穿梭又來回……

耕耘機的馬達聲，震響著廣漠的田野，水面激起了粼粼的波紋，在流動著的金犁下，新翻的泥土，閃耀黑色的花瓣，散發一股青草甜甜的芳香。年青力壯的農夫們，把一臉帶著汗流的微笑抹去，另一股新的微笑，又從汗流裡綻了出來。

哦！春天，是美麗的季節！看！那紫姹藍嫣，萬綠千紅——大地一片如錦。

凡沐浴在春天陽光裏的，一切都顯得活潑與輕鬆……

一切都在新生！

一切都在成長！

春天！您，可愛的！我把您當作我一生永恆的母親，沒有誰能像您，給我如此太多的愛，令我如此歡欣！

當我躺臥在妳的懷裏，我將永遠感到，我的生命益發年青。

青副・小說創作・青年世紀月刊一九七〇年（五九）四月四日

（原題「春」選集改今題「春天來了」）

雨後春醒

一陣豪雨過去，整個大地被洗刷得乾乾淨淨，光光亮亮的，塵埃盡去，萬物呈現出無比的新鮮，好不可愛。

我伸伸腰抖擻抖擻精神走出門去，仰起頭望望天空，冬眠的太陽，正使勁地，抖落了那床厚厚的棉絮，透出來一張，圓圓的臉，漲得紅紅的，多少時候不見了，越發顯得風儀萬種，嬌美而動人，她滾動著金色的輪子，萬道光芒的箭頭，都放射出春天的訊息：

小河的流水發光了，唱著輕歌，奔馳得更起勁了！

白色的鵝和鴨群，是春的先知者，池塘的水面上，遠遠的、遠遠的，儘是滿載著毛絨絨的船兒。

稻田裏新插的秧苗，喜孜孜的，舞踊著綠色的小手。

風的步履，已輕悄悄地，爬上了樹梢，一些小花和小草，慌忙不迭地，塗脂抹粉，在迎風嘩笑。

燕子，把河邊垂柳的枯枝殘葉剪落了，新抽的嫩葉，耐不住早春的微寒，還嬌羞地披著一襲棉襖。

那綿亘的山巔，已漸漸地插起了綠色的旗幟；負荷雖然稍嫌重些，但這樣卻使它，更顯得有一種——「哲人的風采，王者的威儀。」

看，那深沉湛藍的大海，也騎著白馬，來了！帶著轟隆轟隆的聲音；遼濶的沙灘上，已有弄潮的人影呢!?

杜鵑花開滿了山崗，他們都伸長著脖子，踮起了腳跟，各人的頭頂上，戴著一頂紅、黃、粉、白的小花帽，在風裏搖幌著，瘋瘋癲癲的，像一群醉漢！

那些，生性放蕩的蜜蜂，唱著充滿了挑逗的情歌，奔忙在那些情竇初開的蓓蕾的乳房上，吸吮著愛情的甜蜜。

蝴蝶是最了解蜜蜂的，它踩著風的旋律，以月下老人的姿態，告訴每一朵花兒，蜜蜂是一個負心漢。

——於是，花兒笑得更美了，蝴蝶在花間，飄舞得更動了！

新文藝副刊一九七〇年（五九）二月四日

燕子，你又回來了！

春風，有如一隻五顏七色的水彩盤，幾點細雨，輕輕地撒在上面，大地就青綠了！花朵兒被染上各種艷麗的顏色，如癡如醉地怒放著，溪邊的垂柳，笑彎了腰，溪流更是清澈而響亮，向前激奔著；哦！哦！掠水的燕子呀！在垂柳的拱門中，穿梭又來回，它輕輕地飄飛，低低地翱翔，好像對這久別的故土，有說不出的歡欣與親切。

飛過來，飛過來呀！停在我的身邊，我啊！多麼喜歡聽你呢喃之音，那是一種表達親暱的語言，我明白只有我懂。因此，在我的內心有著永遠愛的傾慕。多少個憂戚的日子過去了，我在等待，我在期盼！哦！燕子！妳終於回來了！

哦！燕子，東邊的田圃，泥土已經新翻了！夾著青翠的嫩葉與花瓣，這正是妳營巢的好材料。請妳張開兀鷹般的眼睛看我呀！妳應該知道，在我的心裏，也燃燒著「家」的戀火。

燕子，可愛的朋友！妳將重新築一個小巢吧！在那一家椽檐和屋頂之下；告訴我呀！朋友！

有著關切和溫暖的小巢，是怎樣營造起來的？我多麼羨慕妳，有這樣天才。

我實在急需要一個窠兒，最好門前有一彎清流，垂著楊柳，旁邊有點空地，作爲花圃，有成群的蝴蝶，還有更多嗡嗡叫個不停的蜜蜂；窠前窠後，都是青翠的稻穗，我將四時把窗門打開，讓花香鳥語，隨著風兒一起進來，當妳在我的垂柳的拱門中掠過，我將會把妳擋住，要妳留下共度晨昏，學妳鰜鰈之情，聽妳呢喃之音。

青年副刊一九七〇年（五九）二月四日

秋語

幾陣細雨過後，涼風便徐徐地爬上了山坡，草葉有些枯黃，蘆葦的頭上，也戴上了絨絨的白帽，成群的小鳥，已驚覺到寒冷的來臨，振翼飛出了草叢，在光禿禿的蘆葦上，飛過來、飛過去，啾啾鳴叫；訴說著：「秋來了！」

× × ×

小溪的流水，不像春天的盈滿，涓涓地流著，歌聲也特別輕柔；沉默不語的垂柳，任風擺希，流水載不動它心頭的愁緒，卻把它眉也似的葉片兒載走了！

× × ×

秋天的長空是藍的，秋天的海水也是藍的；是藍色照亮了海水，抑是海水染藍了藍天!?悠悠飄飛的浮雲，像張滿的白帆；滾滾追奔的浪花，如捲起的雪山；上下一色，祇有雄飛的孤鷲，在水天之間，畫著幾何形的弧。

× × ×

田野的農作物，這時都收割完了，村裏的小孩，像一匹匹脫繮的野馬，自由自在的，在田野裏奔跑嬉戲，在稻草堆裏翻滾玩樂，在草坪裏撲打追逐，在小河裏抓魚摸蝦，在山坡上爬樹和唱歌，直到夕陽西下，才各自跑著回家。

…………………………………………

這時四顧雖已茫然，但我似乎仍然聽到他們多少的歡樂，多少的嬉笑，留在田野，留在河邊、留在山腰……。

× × ×

當炊煙嫋嫋升起，夜，就輕輕地來了；它來自天宇，來自高山，來自大樹的梢頭……

山，朦朧地潛形隱退了！

田野，靜靜地睡了！

祇有那彎彎的流水，流過了竹林，又流過了小橋，……約會去了。

新月，就像一盞明燈，高高地掛在天空，星星被照得發亮，天空粧點得更璀璨絢麗了；風，是一位新聞記者，消息最靈通，從林子裏鑽出來，把每一株貪睡的花兒，草兒，及瓜棚上的藤蔓，一一搖醒：「紡織娘，叮嚀子和蟋蟀們，要開演奏會哪！」於是大家的小眼珠子又亮起來了；月光雖然已把黑夜，照得銀亮無比，但一向拘謹保守的螢火蟲小姐，硬堅持著要提一盞燈籠，才肯去赴會呢!?

青年副刊一九七八（六七）十二月十七日
中央副刊、青年世紀月刊

小鎮春回

李新蘭打從初中畢業，就跟她的大伯父到臺北；今年大學畢業了，算起來有七年多沒有回過家。

在臺北看厭了那耀眼的霓虹燈花、人浪和車潮，住在那些摩天大樓裏整天見不到陽光；總覺得悶得難受……

畢了業，心情也鬆閒下來了；偶然看到天上的一片白雲，河中的一朵浪花，都能在她的內心勾引起故鄉的依戀與懷念。

她的家住在新營附近。她記得那是一個寧靜、安詳、純樸而敦厚的小市鎮。越是思念，越覺得小鎮的風情，有一種甜甜蜜蜜的味兒。即使是山下的一朵小花、田邊的一根小草，都覺得可愛，都含有無限的溫馨……

在柴油機車的曳引下，火車在縱貫線上飛馳。她閉目養神，兒時的回憶，一幕一幕的湧上心來。

她家小屋的旁邊的那片竹林，也許長得更高、更粗、更多了吧？用扶桑圍成的籬笆，也許正是開著紅花和黃花的時候了？那兩條小黃狗，還在籬笆的隙縫中，進進出出的追逐著嗎？爸爸口裏還是銜著那根用竹子做的旱烟管？老奶奶是不是坐在那盞煤油燈下，一針一針地縫補著小娃子的開襠褲呢？還有，用泥土作牆、用稻草作頂的房子，一年加一次，現在該有多厚了？……

想著想著，她依窗斜臥，在涼風輕拂中入睡了。

不知道有多久，查票的先生叫醒了她、驗了票。她睜大眼睛向車窗外一望，天已黑了；萬家燈火與天上的星月相互交輝，分不出天上人間。

服務小姐告訴她：「新營就要到了！」

她伸伸腰，把那隻行李袋拿在手上，走下車來，她剛踏上月臺，又趕緊地返身向車上衝回去。服務的小姐擋住她。

「我是要在新營站下車的！」她焦急地說。

「是嘛！這裡就是新營車站嘛！」

新蘭愕然良久，木然地佇立在月臺上，凝望著火車遠去。

她用眼睛的餘光向四周巡視，她有點不敢抬頭。

「這就是新營？我的家鄉？」她反覆地在想。

她慢慢地把腳步向前挪動，走向出口處——

巨大的電炬，照得整個月臺通明透亮，如同白晝。她在腦海裏極力回想，期能搜索出一些初中時在這裏早晚乘車擁擠上下，爭奪座位的情景，希望獲得一些較明顯的記憶……

步出車站，這是她最熟悉的一條街道了。然而，那崎嶇的石子路不見了，那路邊的一排小攤子不見了。

走在大街，柏油路平坦坦的，每家商店都是接踵磨肩，應時的貨物堆積如山。一些在街上蹓躂的男女，神態悠閒而歡樂。女的裙裾飄拂，男的西裝筆挺；代替木屐敲響馬路的，是發亮的皮鞋和高跟。幾家電影院都掛著「銘謝滿客」的牌子，但售票窗口，仍排著長龍。

她本想多走兩條街多看看，但時間已晚了，順手招了一部計程車，直往家門開。其實，這段路在白天走也不過只須三十分鐘而已。但此刻已歸心似箭、等不及了。

車子在一幢樓房邊停下來，她猶豫，甚至帶有幾分驚恐。

「小姐，到了！」司機說。

「白河路××號嗎？這是那裏？」她懷疑地問。

因爲，她看到這裏沒有扶桑圍起來的籬笆，圍牆是水泥磚砌的，高不可攀；從高樓隔著窗帘投射出來的燈光，柔美而調和。她要司機下去看看門牌。

「不用了。」他說：「白河路這一帶我是常來的，一天少說也有一兩趟。」

當李新蘭正踮起腳尖去看門牌時，小門「嘎」的一聲打開了，把她嚇了一跳！

她高興得跳起來了。可不是，奶奶還沒有睡呢。爸爸嘴裏銜著精致的烟斗，一縷濃濃的白烟隨著笑聲幽然地噴了出來。

客廳裏正開著電視，很多人圍坐在周圍。

房子是新蓋的。她很奇怪，爲什麼蓋了房子，爸爸也不告訴她一聲？她放下那隻行李袋，興沖沖地就往樓上爬，在陽臺上看看村子，她不禁驚叫起來。

爸爸不知道女兒的心裏在想些什麼，只顧咧著嘴笑，並不停地爲她指這指那。

「嚕！」新蘭的爸爸說：「前面的那幢房子是你二叔的！新蓋起來還不到兩個月，上個星期才搬進去。」右邊原是張阿公的小茅屋，現在改建了一下，把稻草換成瓦片。張阿公還常說：瓦屋不比茅屋好，茅屋冬暖夏涼，現在卻熱得難受；不過他還是說：總比以前乾淨些，好看些了。

「新蘭，妳站過來。」指著靠山那邊現出的兩個窗戶，光線特別明亮的那一幢，就是劉老頭的房子。她爸爸說：你還記得吧，劉老頭是村子裏最有名的小氣鬼；但自從他的兒子藝專畢了業，他卻完全變了，也開通得多了。全村子算他的房子最氣派，不僅門窗又高又大，而且地上鋪了塑膠地磚，花花綠綠的漂亮極了！他兒子畫的畫，長的短的掛了一屋子。

父女倆一面說一面從陽臺上走下來。客廳裏大夥仍圍著電視機，李新蘭對這玩意沒有興趣。奶奶也說：年紀大了，眼睛也不靈光，獨個兒坐在一張有海棉墊的椅子上，細細地嚼著花生糖。

電視機上出現了卡通片，她大哥的兩個小孩，小萍和小強，李新蘭去臺北時，一個剛走路、一個還在大嫂的肚子裏，現在已分別讀一、二年級了！

爸爸說：他們眞命好，小學一畢業，又可以免費讀中學了；說不一定到了那時，讀高中也不要錢呢！

時代愈進步，人也愈聰明，想出的主意就更周到了。打從三七五減租到實施耕者有其田，老百姓的日子就好過了！

「新蘭：你看是不是？」她爸爸說：「收音機、電風扇、電視機、摩托車……這些新玩意那家沒有？想當年爸爸要買一輛腳踏車，眞是費盡了心血才到手；但現在，腳踏車要當廢鐵賣人家還不要呢。」這時代的確變了！

爸又告訴她：「妳大哥在縣政府工作，連看病也不花一個銅板；前些日子王大叔在電線桿上摔下來，住在醫院，吃飯、吃藥、打針，一切由公家包了！這眞是從盤古開天地聽也沒有聽過的呢。

大哥是公務員，參加了公保；王大叔雖是個工人，他參加了勞工保險，所以看病就不要錢了！

第二天，東方剛現曙光，就睡不著了。李新蘭披了一件睡衣，走出陽臺，東方已顯出無數霞光。微風輕輕的吹拂在她的身上，飄動著她的秀髮，感到清涼和新鮮。

不一會，肩荷犂鋤的村民已陸續走出村子了，耕耘機的馬達聲，也從四面八方響了起來。他們不用朝暾來照亮行程，他們滿臉堆著微笑懷著自信，要在雞聲把朝陽點亮之前，趕到有著他們汗液芳香的田畝。深深地植下人們的理想和希望。

李新蘭匆匆地吃完了早餐，就走出她家的大門。她發現每一條巷子都是乾乾淨淨的，每一條小路都舖上了水泥。晒谷場上堆滿了五谷雜糧，村婦們在和風輕拂中，不斷地翻動曝晒在地上的稻谷，喜在心裏，笑在眉梢。收音機從門窗中，播送出悅耳的音樂，兒童們和著曲子在跳著唱著。農村的歡樂與活潑，被他們表現得更生動、更鮮活了！

加上那些高高的，樹立在每家屋前屋後的，一根根一根根的電視天線，更拱托出農村的富足安樂。

中央製片廠「小鎮春回」電影徵文佳作第一名
新生報副刊一九七〇年（五九）三月廿五日發表
（原題爲：一根根的電視大線）

想思林

我又來到了這相思林。

這次來，只有我一個人，溪邊洗衣的村婦，以異樣的目光看我；一些放牧的小男孩，也覺得奇怪……

相思林裏和風仍在輕柔地飄拂，細細長長的相思樹，仍如往昔一樣，頷首歡迎；剛被晨間的露水洗濯過，相思樹上的葉子，顯得更青綠可愛，朝陽照在上面，閃閃地發出青光。

相思林的一切如昔。……

只有我顯得如此孤獨與落寞。

我看了那些成行成列，並排生長著的相思樹，奇怪，今天卻在我的心裏，產生出一種妒意；它們親暱的樣子，我討厭它們。

我見了那些單獨的長在堤上或草坪裏的，細小的相思樹，卻又直覺地生出一種憐憫與同情——因它們孤零零的。

——我把它們比作我自己。不是嗎？我不就是這樣孤獨的，一個人站在這裏！

數不清多少個早晨，記不起有多少個黃昏，我同小佩總是攜著手，並著肩，漫步在這相思林裏；聽風聲，學各種鳥鳴；和說一些發笑的故事。——如今，小佩走了！

——她留給我的是一份沉重的痛苦。

她也爲這相思林撒下了無盡的寂寞。

我忘記了我跟小佩，是什麼時候開始到這裏來；更忘記了是誰先發現這林子——長長數公里的河堤，以及漠漠無際的平林，沒有一棵雜樹，盡是大大小小，高高低低的相思樹。

小佩驚叫著：「江！你看偌大的一片相思樹！」她說：「我們就叫它——相思林好了。」

打從那天起，我和小佩，整個暑假，就消磨在這裏。

相思林裏的相思樹，一株株都細細高高的，尖而長的葉子，青翠而透明，尤其那些新生的葉片，更是鮮嫩油綠，光亮照人。

微風搖不動，挺直的樹幹，卻能搖響每株相思樹的葉子，發出細細瑟瑟的輕語，我跟小佩雖然從不知道，它們在說些什麼？但在我倆的心裏，卻感到這聲音，正是我倆所喜愛聽到的，它給了我倆無法說明的慰貼，心靈上無盡的舒適，情緒上無限的恬靜，以及精神上無限的快慰……

這就是我們無論風雨陰晴，總要雙雙驅車到相思林來的原因。

相思樹好像善解人意似的，我們坐下來細訴曲衷；枝葉爲我們輕聲呼應；我們引吭高歌，微風在林間傳播，我們相對不語，它們也沉默無聲；我們歡笑，它們飄舞飛揚，顯得特別輕佻，好像在分享我們內心的歡欣。……

我們來的次數愈多，相思林的每一棵樹，都好像成了我們最親密的朋友，相思林裏的相思樹，那一棵長得最高，那一棵長得最粗，葉兒最綠，我們閉著眼，也能指出它們生長的方位。

在相思林裏，每當天氣晴朗，太陽炙人，我們把它們當作涼亭；清風徐來，舒暢愜意極了；有時細雨來臨，它們又成爲我們的雨傘了；偶而有一兩點，水晶般的珠顆，從葉片的隙縫中，被微風搖落在我們的臉上，有一股沁人的涼意；我尤其喜歡看到，晶圓玉潤的雨珠，落在小佩的秀髮上，像水銀一般，快速地滑進她白嫩的頸項，她脖子一縮，兩肩高聳：

「啊！水掉進我脖子裏了！好涼！」她說。

那聲音好甜！那動作多美！隨即在臉上掛起一串微笑！我最欣賞。

所以，我也希望在她脖子上，多掉進去幾顆雨珠。

雨停了；相思林更美了，葉子清明得發光，發亮，綠油油的，空氣更新鮮了。綠色的風浪，流過綠色的樹梢，整個的相思林，就成了綠波翻滾的海洋！

小佩高興時，就喜歡把尖而細長的相思葉子，葉柄對著葉柄，擺成一個一個向四面輻射形的圖案，好看極了；她生氣的時候，就把相思葉子撕成細細長長的，丟在溪中，隨著流水，漂向遠方！一次又一次，撕個不止。

等到我把她的手拉住，她才又會突然覺得，對撕碎了葉子，感到歉疚一樣，輕輕地一笑，把身子向我一靠，她說：「回去吧！」

新文藝副刊一九七〇年（五九）五月八日

童軍日記

這一學期擔任了一班軍子軍的課程，按理我這個曾在省訓團及師大接受過木章高級訓練的老童子軍，擔任一兩節童訓課，應該是沒有問題，但是由於荒疏得太久，童子軍課程中，那些專有的「學問」，及特殊的「常識」，我是忘得一乾二淨了，尤其，要恢復那份「童稚之心」，上課之外，還要同他們蹦蹦跳跳，唱唱笑笑，臉綳慣了，一旦要拉下臉來，放開嗓門，跟同學們唱：「太陽出來了，小狗汪汪叫！……」不僅很不自然，而且深以爲苦，暗暗地怪那位教學組長惡作劇，排這麼一節課給我。

但一兩週過去，見同學們手牽著手，大夥兒歡天喜地的，在那兒唱著：「王老先生有塊地呀！咿呀咿呀喲！……」是這樣天眞，這樣活潑，我的嘴巴也就自然的唱起來了，腳也癢起來了，笑，也在臉上綻開了！

下了課，還趕緊跑回家，把書架上的那幾張「兒童歌曲選」唱片找出來，教給同學唱，於是歌聲更響，我笑得也更多，快樂得忘了自己的遲暮，興趣盎然起來，一學期廿多節課上下來，不但不像最初那樣苦惱，現在反而覺得回味無窮呢。

昨天測驗完畢，即開始評閱同學們的「日行一善」日記。

有一位王烟嵐同學在十二月十二日的日記裏，這樣寫著：

「今天我打臺北火車站出來，穿過地下道，走向天橋時，見一封信，在地上翻滾，我追著把它檢起來，才知道是一封剛寫好尚未投郵的信，收信人是臺南一位楊先生，寄信人就住在臺北，左角上還寫了「限時」兩個字，並在字旁畫了三個黑圈。但沒有貼郵票。上面雖然被踐踏過了，有很多泥土和腳印，但信封仍很平整，地址仍很清晰，是剛遺落的。

我走過天橋，臺北郵局就到了，「我決心代『他』寄出去」；但摸摸口袋，媽媽只給我五塊錢坐車，如果要替他寄「限時」，那我就沒有辦法回家了。因此，我猶豫了好一會，才決定買兩塊錢郵票貼上去，投進了平信郵箱中，然後從北門走到人人公司，搭臺北客運到江翠下車，又走路到板橋；因為我只有三元了，從臺北到板橋要四元半，所以我只好走一小時的路回家。」

看了王烟嵐同學的「日行一善」的日記，頓時使我想起杜甫的春望詩：「家書抵萬金」的話來，古時交通不便，郵政沒有今天這樣發達，親戚朋友之間，要相互投遞書信，眞是談何容易。兵慌馬亂的時代不必說，就是在太平時期，寄一封信，大都是依靠相識的行旅客商或官吏衙役，相互託寄，通信如此困難，也就難怪杜工部大叫「抵萬金」了。

相傳，晉時有姓殷名羨者，字洪喬長平人，他為豫章太守時啓程履任，故郡人士都託他携帶書信，問候親友，多達二百餘封，殷羨行抵江西南昌的德勝門外，一個叫石頭崗的地方，即將所携之信，盡散投於江中，並說：「沉者自沉，浮者自浮，我殷洪喬不爲致郵書！」這些信也就隨著江水漂向渺不可知了，因此，後人偶遇信件遺失，就說「洪喬之誤」或說：「誤落洪喬」。

今讀王烟嵐日記，復回想殷洪喬之所爲，前者自動自發，默默行善；後者背信食諾，不顧情誼，二者行爲的善惡，相距何止天壤？

中央副刊一九六七年（六五）二月十三日

送友人上梨山

王飛，我們這一屆同學中，都說他是最幸運的了，因爲他是第一個鑽進飛機，遠渡重洋，去享受新大陸物質文明生活的人。

記得王飛動身那天，我們大夥兒二三十個人，聚集在臺北一家有名的飯店，爲他餞行，然後又坐上一輛大巴士，一路唱著笑著，把他擁進了松山機場，女同學的花環，一串串的向王飛脖子上猛掛，王飛的頭都被埋在花環裏了，祇好再用兩手提著，顫巍巍的有如一個聖誕老人。這情景雖隔了一年多，但回想起來，仍如發生在昨天一樣，那末顯明新鮮。

王飛走後三個月，才寫回來第一封信，由趙美君傳閱各同學，由於我是住在鄉下，傳到我那裏，那張薄薄的航空郵簡，已揉皺得不成樣子了，麻麻密密的字也模糊不清。因此大夥兒對王飛不太諒解，說他來信太晚，與我們當時送行的熱烈情緒，不能配稱。許振國還煞有介事似的，通知那天參加送行的同學，都不要跟王飛回信。不過王飛呢，從寄過第一封信之後，也就沒有消息了，時間太久，大家就相互忘了。

直前今年，李明遠抵達美國，一個偶然的巧合，在舊金山一家外國人開的中國館子的早餐部，看到王飛在幫人賣燒餅油條，生活潦倒得有如一個落難的人。李明遠說：「王飛昔日那份洒脫與風趣，以及那種特殊的高傲，被異國的物質文明，刷洗得一絲痕跡也沒有。」我聽了之後，一股莫名的感觸，耿耿於心。

時間過得很快，學校又準備開學了，那天我正在辦理新學期註冊工作，工友來說：會客室有人在找，因爲學生太多，無法離開，就向工友說：「請那位客人進來吧！」原以爲是學生家長，大概又是註冊發生了問題。

事情是那樣意外，王飛竟遠遠的站在對面的走廊下，我撥開了重重包圍的許多學生走過去。拉著王飛的手：

「什麼時候回來的？」我低聲的問，但手拉得他更緊了。

「先帶我到你宿舍去，你再回來辦你的工作。」他說：「我今天就住在這裏。」

「這樣更好，」我說：「我們可以好好的聊聊。」

中午回到宿舍，才知道他今天剛回臺灣，連左營也沒有回去。不過，左營去不去，並不必要，因爲他原來的房子，出國時已經賣了，他父親又已過世。

兩個人隔著一張小桌，睡在舖上談了一個通宵，從古到今，從國外到國內，最後談到工作，他說：「我決定去梨山。」

他父親在世時，在梨山上放領到一大片土地，這片土地，他父親死後，就托一位朋友在看管。

「向山上發展，是一個正確的方向，」我說：「平地已人滿爲患，趕緊整理那一大片土地，將來的確大有可爲。你這次回來既然下定了決心，要做一點實際有益的工作，到梨山去的確是一個好主意。」我鼓勵他。

臺灣的山地，雖然有些地方是峭岩壁立，峽谷深邃，人們視爲畏途；但如今不同了，不僅山上有寬平的公路，山中的各種資源，亦正在積極開發。那條東西橫貫公路，更是中外馳名。它起自臺中的東勢鎭，止於花蓮縣的太魯閣，又有支線縱宜蘭到梨山；公路蜿蜒曲折在高山峻嶺、縱谷深澗之中，像一條游龍；尤其東端的天祥至太魯閣一帶，奇岩深谷，流泉琤琮，異峯矗立，彩雲飛奔；路如絲帶，橋似長虹，隧道相互串連，樹木各自攀附，工程艱鉅險要，風景至爲優美。一個人能笑傲在這樣一個神仙般的環境，復有自己可耕的土地，日出而作，日入而息，高吟低唱，俯仰舒暢，實在快樂至極，還復何求呢！尤其梨山附近，近已開闢成果園，滿山滿野，都遍植梨樹、桃樹、李樹、蘋果、蔬菜之類，每年的收穫，都很豐盛。近年來不僅供給臺灣本土，而且已大量開拓外銷，它已成爲臺灣最重要的溫帶水果、蔬菜的盛產地。王飛的父親，在生前能分到這樣一塊土地，也算是他老人家的福份了！王飛這次能沉下心來，好好的經營，不僅解決生活問題，也是韜光養晦、進德潛修的好去處呢！

王飛說：「臺灣平地正鬧著蔬菜荒，我上山之後，即全力種植蔬菜，然後以合理公平的價格，直接運銷臺北各地，作爲我個人報答社會以前給予我的照顧和恩澤，我的確應該這樣做，因爲我讀書時，也曾享受過公費。」

學校註冊完後，我跟王飛就上臺北，找到了朱益民；朱益民有一個叔父——朱受國先生，他是現代農業推廣專家，對作物的栽培、水土的改良與保養，有特殊的研究。朱受國先生聽了我們的構想之後，非常讚賞我們的理想和精神，即於第二天，主動地約同另一位在蔬菜改良研究中心的專家郝教授，爲我們作了一次經營農場的臨時講習，並介紹我們去買了幾本種植蔬菜、水菓的書，而且承他的關切與愛護，贈送我們許多蔬菜種子，還一一爲我們說明各類種子播種栽培的方法，對土壤、氣候的適應性，眞是不厭其詳，我們深切感到，我們的長輩，對我們照顧與愛護，實在是無微不至。郝教授說：「努力去做吧！你們上山後，我還要抽空去你們那裏看看。」聲音洋溢著仁慈與關切，我們的內心更充滿了溫暖與感激。

本來王飛不准我跟任何人說，他已從國外回來了，但是我反對他這種不敢面對現實的想法。不過我仍然答應他，短時間不讓同學們知道，把土地規劃和整理好了之後，才向同學宣布。

好像是中秋節的前一天，我爲他請的那位看山的朋友下山了，帶來了許多水菓，山上原有的許多菓木，已經結實了，由於沒有適當的管理，大多數的菓樹，都是在自生自滅的情況下，開花結菓的；一種名叫二十世紀梨，個兒不大，梨上斑點特多，顯然是管理欠佳，但水份多味道香甜；王飛一面吃一面笑，表現得非常快樂。他拍著我那位朋友的肩膀：「今天過完這個中秋節，明天我們就上山去，我們要用全副心力，去經營那大片土地，願明年的中秋節，有更好更豐盛的收穫，在我們的菓園和菜圃中舉行，那就更有意義了。」

中秋後第二天，我送王飛到臺北。但車到臺北後，我們好像還有很多的話，沒有說完一樣，捨不得分手，結果又一同坐車到了宜蘭。

在車上王飛告訴我：「父親當時承授到這片土地，就決定名之曰：『知還農圃』，取陶淵明歸去來辭一文中的：『雲無心以出岫，鳥倦飛而知還』的雅意。父親告訴我不要忘記大陸家鄉，無論在何時何地，生活不管如何舒適和快樂，不要流連忘返。」他又說：「老人家去世了，我也更感慚愧，因爲我自己也曾迷失了一陣子，流落異邦，甘爲人奴，心爲形役，不知懊悔；現在我總算醒悟過來了，抱著歉疚之心回來了，也有如倦飛的鳥兒一樣，回到了我自己的窠巢；從現在開始，我要守住這個小窠巢，以之作爲起點，勤奮地勉勵自己，獻出自己的一點棉薄，爲社會爲國家，作一點實際有益的事情。」他一再要我相信他，這點願望，這份服務社會的熱忱。

火車到了宜蘭，是九點正，開往梨山的車，共有四部，正一字兒擺開，已開始剪票了。來不及買票，王飛就跑了上去，但前面那位車掌小姐在叫，「到前面來，這輛車有空位。」她看看手錶又催王飛，「去買票，來得及的。」於是王飛就上了前面的車，我站在路邊的一塊大石上，向王飛揮手，他臉上洋溢著喜悅，我內心更充滿了祝福。

一年過去了，王飛沒有離開過梨山一步，我因學校功課及業務太忙，也未去過梨山。但這次颱風過境後，王飛下山了，他運來了六大卡車的甘藍菜、包心白菜和竹筍等，他一連運了三天，臺北市的蔬菜市場，高居不下的價格，像水銀柱子一樣向下滑落，南部的菜商，不知道情況，蔬菜繼續湧到，一次蔬菜的漲風，就這樣平息下去了。

第三天的晚上，他提了許多水菓，走進我的宿舍。這時房間裏正擁滿了人，許振國來得最晚，王飛罰他一口氣不停，要吃下十個二十世紀梨，許振國硬著頭皮認了，一口氣吃下了六個，他一手摸住肚子，腰已撐不起來……。

「王飛，你就饒了他吧！」吳錦在一旁爲他求情。

「饒了他！不行！你們去看看門外吧！」王飛說。

「乖乖！」高一鳴在門外喊叫：「還有幾大筐梨子在這裏！」

「你們每一個人提兩袋子回去。剩下的就送給飄影學校裏的老師。我今後每隔三五天下山一次，爲臺北市民運點便宜蔬菜來。」

「不過，我也要你們給我想一個最好的辦法，將我運來的蔬菜，不要經過中間商，能以最便宜的價格，賣到每一個家庭主婦的手上，以達到我們爲廣大社會作實際有效服務的目的。」

中央副刊一九七五年（六四）十一月六日

後記：這是一個近似眞實的故事；因此，我在四十五年之後重讀時，仍感動得幾次哽咽落淚。只覺得當時的年長者是那樣誠懇；年青人是那樣熱情，如今卻這樣冷漠與疏離。

橋以外

久雨乍晴，一縷嬌麗的夕陽餘暉，慷慨地洒滿了，這山城的原野；雖然田埂上泥濘難行，但我仍小心翼翼地，一步一腳印，沐浴著夕陽的光，來到了這青山掩映，綠水環繞著的小橋。

記不清，是什麼時候發現的，也說不上，是什麼原因，打從第一次踏上這座小橋，我就從心底愛上了它，每當大自然的彩筆，在夕陽西下之際，在天邊抹上五顏七色的瑰麗色彩，我總要拖著滿身疲累，及一些莫名的煩憂，慢慢的走到這裏來；在濃陰的闊葉樹下憩憩，佇立在小橋上，俯視溪水的奔流，天朗氣清，山高水長，頓時心地舒爽疲累全消，憂煩盡去，祇覺得這一身兼英雄、聖哲和賢人的小橋啊，它似乎無所不能包涵，無所不能覆載一樣，拖走了我的疲累，載去了我的煩憂，……

我心情輕鬆地坐下來，取出筆，攤開稿紙，寫出我對這座小橋，由衷的讚美。

它好像一位勇士，更像一位哲人，終年默默不語，荷載著人間的重負；日日夜夜靜聽著：風兒的細語，河水的悠悠；它從不計較，多少風兒，在它的頭上飄逝，多少流水，從它的腳下，奔向江河大海。

多少年來，兩岸高聳的燈炬，總是在夜幕低垂之前，就伸長了脖子，踮起腳跟，把滿天星星點燃；在它微駝而有疤痕的腰背之上，綴成了一個星星、明月、燈光、人影的美好黃昏。

有風馳電掣的車輛，喇叭長鳴；有馴載收穫的牛車，蹣跚而歸；有年青的戀人，併肩牽手，倩影雙雙；有閑散的老人，扶杖漫步，謦欬頻頻；更有甜美的歌聲和笑語，伴著流水，加上和風送來悅耳的鶯聲與蟲鳴；那些浪漫派的畫家，揮舞著他們畫筆上的油彩，在精心描繪，這紛擾又寧靜的夜景；熱情奔放的詩人，佇立在橋上，凝神遠眺與近觀；引吭高唱，低聲長吟……

橋啊！我要問妳：終年橫臥在這溪流之上，冷眼旁觀，妳究竟已否發現，世人所沒有發現的哲理？妳連結了城和鄉村，山與平原；自己卻孤獨一生！是人們令妳如此，抑是妳自己甘心情願？是妳太矜持、保守？抑是妳看透了這人世的一切，故持鎮定與執迷？

橋啊！我眞欽羨妳，這份泰然與坦蕩，豁然而洒脫；妳呀！我還要怪妳；爲什麼不進一步，告訴世人；擺脫「物慾的追求，功利的徵逐？」

我不知有多少次這樣說過，這樣問過了！

但，它老是像一位聖哲賢人，岸然佇立，不理不聞，不言不語。

它老是那樣安然的，靜默地，赤裸著全身，在風裏雨裏太陽裏，平直地伸出雙臂，一手抓住一個城市和城市裏的人群；在它古舊斑剝，疤痕累累的臉上，我讀出了它歷經苦難的辛酸。

青年副刊一九七一年（六〇）六月十日

炊烟

在鄉村，最美的就是炊烟，每天清晨和黃昏，那一串串、一串串的炊烟，從每一棟農舍的烟囪口，嬝嬝娜娜的騰起，有如一條條灰褐色的帶子，在晨光曦微或黃昏夕照中，飄盪、飛揚，它升騰的姿態，隨風而變，有如九曲柔腸，千迴百轉，說不上絕美，但卻引人冥想與遐思。

炊烟，也代表著一家的勤惰和興衰，大凡房頂冒烟特別早的人家，總是生活和工作，較有規律的家庭，鄉下人有句俗諺：「鳥兒啣食來，也要早開門。」所以興旺勤奮的農家，是沒有誰睡懶覺的，天不亮就升火，當門外星光隱沒，天邊曙色剛露，飯菜就已上桌了。這時大門早已洞開，雞鴨牛羊，已在屋前屋後，飛奔蹦跳；全家大小，各幹各的活兒去。所以炊烟升得早的代表勤奮之家，炊烟濃而久的，代表人丁旺盛；那些稀稀疏疏，績續斷斷的炊烟，有氣無力，要升不升的，就正有如這家人，做事不起勁兒，象徵著一股懶散的樣子。

但，不管如何，炊烟是農村的風景，炊烟是農村的標幟，炊烟更是農村的象徵。

中央副刊一九七四年十一月廿一

山中的茅亭

田園，是鄉村的特色，而山林更是構成鄉村的主題，一個鄉村，缺少了山林，等於城市沒有電燈霓虹一樣的單調，因此田園和山林，總是同時相互陪襯，相互依存的，平地的山林，不是崇山峻嶺，高不可攀，它們都是低矮的，山稜起伏，綿延曲折，每一座小山，都是綠油油的，不是被雨水洗濯得青青翠翠，就是被陽光照射得閃閃發亮；山上不是竹林，就是園圃；那些掛在山坳裏的梯田，如綠絨地毯，由高而低，層次有序；從山坡走向平地，那些羊腸小徑，彎彎曲曲，雖徑深幽邃，但四通八達。

在鄉村修橋鋪路，是一項積德的善行，所以就有那麼多的善心人士，爲了使耕山種地的人，躲避風吹、雨淋、日晒，或臨時小憩，於是那些山間的小徑上，常常有用竹子編織成牆，蘆葦茅草爲頂的茅亭，亭內有竹子做成的長凳，有門有窗，雖然簡陋，但很別緻，讓上山下山的人，在此作短暫的憩息，人在翻山越嶺，十分疲勞之際，得有這麼一個蔭涼歇腳的好地方，不僅可以恢復體力，其在心情上所獲的舒暢，更是難以語言來形容。

如果你是屬於勞心的人，時逢假日，約二三知己，携帶水酒一瓶，花生幾包，圍坐茅亭之內，仰觀藍天白雲，俯覽青山翠谷，和那平疇沃野的田園風景，一畦畦青青稻田，一灣灣清澈溪流；田如織錦，河似玉帶，這幅畫簡直古意盎然了！

中央副刊·青年世紀

火燒雲

晚飯過後，欣雨老公公，點燃了一支香煙，坐在大仙子廟前，那一排榕樹下，用鋼筋水泥砌成的凳子上，怡然自得的抽著，嘴巴裏不斷地向村子這邊直嚷：「喲！好一片火燒雲呀！好一片火燒雲呀！」

火燒雲，就是「晚霞」，欣雨老公公，總是改不過來，他說人老了，新的詞兒老是說不上來。

小虎子他們，都把小眼珠子死盯著，綿亙在西邊山上，那一層層，一堆堆像著了火的棉花團，更像奔騰澎湃的海浪；而且，每一堆棉花團，和浪峯的邊緣，都鑲上了一條金邊，一道道光芒，輻射向天宇，實在美麗極了！

大仙子廟的兩邊，新蓋起來的邊殿，牆壁上刷的又是粉紅色，八扇大門，都裝上了玻璃，火燒雲的光芒，映照在上面，光影又從玻璃上反射回來，就這樣一來一往，把這山野的小村子，照得通光明亮，山岡是紅組的，田野是紅紅的，樹木花草的葉片上，也是紅紅的，連孩子們的臉都變成了關公，最奇怪的欣雨公公的頭髮和飄拂著的鬍鬚，原先是白白的，現在卻也閃爍著金色的光澤。

欣雨公公指著那些紅雲說：那是獅子，那是老虎、這是條龍……但是小虎子和明華他們，硬衝著欣雨老公公說：「才不是呢？阿公！」他們說：「那一堆暗紅的、下面大、上面小，是一輛坦克車！」「那長長的，有著雙翼的是飛機！」

小虎子的哥哥小黑仔，也不知什麼時候跑來了！他大聲說：「都不是！那是一條船！一條可以載著幾百人的船！」小黑仔說這話時，用了很大的氣力，尤其提到「幾百人！幾百人時，說得更大聲。」他說：「他在基隆看過，船，就是這個樣子！」

但是小虎子不服氣，堅持那堆暗紅紅的雲，是「坦克車」！爲了證明他說的不錯，他趕緊跑回家裏去，把他的玩具坦克車拿了來，但是，雲已經變了！

但是，他還是仍然倔強地認定：「不！它剛才是坦克！」小虎子的聲音，幾乎是喊出來的。「但是——它現在已經是船了！」他哥哥小黑仔，冷冷的，帶著勝利的口氣。

小虎子看了看天上的雲，低下頭又看看自己手裏的小坦克，他的眼淚幾乎要流出來了！他沒有想到，火燒雲會變得這樣快的，他默默地低下頭，把手裏的小坦克，放進了口袋裏……

明華卻堅持自己的意見，她說：「他的飛機沒有變，不過，小虎子那輛坦克，已裝進飛機肚子裏去了！」她並且理直氣壯的告訴小黑仔：「我舅舅說過：坦克車是可以裝進飛機的肚子裏去的！」

小黑子也沒有再辯了！

小虎子眼看自己的坦克沒有了，心有無限的委曲，哭著跑回家去了，說要去告訴媽媽！

「都是你！」明華向小黑仔嘟了一下嘴，也跑到欣雨公公那邊去了！

這時，太陽已整個沒入西山之下了。火燒雲也由紅變黃轉紫，然後散了！祇留下幾道細細的光影，但也是愈來愈淡了！

住在鄉下的人，一天辛勞，大都睡得很早的，但碰到一些燠熱的天氣，卻是到處都是乘涼的人，村子前的廣場上，橋頭的小店，大仙子廟這排榕樹下，就經常有大夥兒的人在談天說地，眞像鄭板橋說的：「晚風前，個個說荒唐，田家樂！」那種情景一樣。

直到現在，交通雖然非常便利，偏僻的鄉村，訂報的人家雖然也多，但報紙上的新聞，畢竟跟他們的生活，隔了一段距離，讀來也甚乏味，因此，那些多少年前的故事，不知說過多少遍，忘了又被提起來——鬼怪、狐仙、借屍返魂，和尙艷遇、尼姑思凡，都有；由於人來客往，所見多異，一到這個時候，便爭先恐後，聽的人忘情一切，講的人想起一切，便會口無遮攔，文雅、鄙俚、粗俗，毫不計較，在這裏眞情流露，皆大歡喜；直到繁星滿天，母親們呼兒喚女的時候，欣雨公公，還會交代一下，「你們記住了吧！今晚的火燒雲有多紅啊！」他說：「早上紅雲晚上雨，晚上紅雲晒死鬼！」明兒趕早吃晚飯，傍晚的火燒雲，更紅更美呢？

（六五、五、四於板橋）

新文藝一九七六年（六五）六月十一日

山城的雨

我剛走出了基隆，又投入了以多雨聞名的宜蘭；當我正舉起向蘭陽平原告別的手，還來不及放下，一輛轎車，又把我拖進了，另一個更多雨的山城——瑞芳。

放下行李，就拿了一張椅子，在新居的門口坐下來，細看那飄飛在屋簷前的雨絲，一種莫名的感情，突然襲上心來——不知是，我愛雨，還是『雨愛我』。否則，爲什麼老是這樣如影隨形，鍥而不捨⁉

一個星期過去了，一個月又去了！半年之中，我不知道有過幾個晴天；只記得有過一兩次，我們校長陳先生，在麥克風裏喜不自勝的叫著：「難得有這麼一個好天氣，希望每一位同學，把握住屬於你自己的，每一分一秒的最好時光，到室外的廣場上去，晒晒太陽，看看藍天……」

的確，除了那麼一兩次，整個的山城上空，總是被一片厚厚的烏雲籠罩著；狂風從山的那邊，攪翻了海洋，白浪滔天，水花四濺，又挾其餘威，打從山坳裏，憤怒地橫掃進這狹長的山谷城市。

於是，長長的雨絲，被風吹斷了，細細碎碎的，稀稀落落的，不像雨，好像一團一團灰白粉末的煙霧，在狂風裏滾動著，滿眼儘是一片迷濛與灰暗，在空氣中飛奔縹緲，分不清是風是雲，是霧是雨；總之，風捲雲，雲捲雨，從早到晚，就這樣單調的，一波又一波，一陣又一陣的，周而復始，輪廻奔逐；生活在這山城的人，整天整夜，就被淒厲的風聲及細細碎碎的雨聲，整得頭腦暈暈沉沉。

小河裏的水，翻著烏濁暗紅的浪濤，帶著憤怒而來，又挾著一條憤怒的尾巴而去；山邊的老樹，被重重疊疊的雨點，壓彎了腰，低聲唉氣，像寡婦死了兒子，哭喪著臉，老淚長流，它滿身疲累而顫慄，痛苦而又艱難地，在風裏雨裏，雲裏霧裏，哀傷、哭泣、呻吟、嘆息、搖擺……

偶而，有彎著腰，低著頭撐著被風雨吹得，不成形的傘或穿著臃腫的雨衣的路人，在田野、在河邊、在山徑小道上，踽踽獨行，是那樣淒然與孤寂，但斜風細雨，仍放肆地吹打在他的周身，這情景益發使人覺得，這煙塵濛濛，風雨淒迷的山城，格外蒼涼、落寞與寥寂。

雨呀！你是我多麼熟悉的友人；但你卻帶給我這樣陌生的感覺！

我從新的地方來，你竟不給我一份新的啓示，反帶回來那份屬於昨日的記憶。

你！在那邊遼濶的蘭陽平原上，卻不是這份面貌和這付神情呀！

你！該沒有忘記那片有著濃蔭，依著一彎清流的相思林吧！你來了，我常常故意把斗笠摘下，把小傘兒疊起，讓妳輕軟的步履，在我的臉上滑行，這固然不是一種享受，卻能予我以快樂與興奮。

哦！是深夜了吧！你又悄悄地敲響了我窗外的牽牛花的葉片，我又拿起了小傘，追隨著你的足聲，一直走到河堤；深夜的堤岸，被你垂直的髮絲兒刺醒了，竹林、花叢、草地，都發出淅淅瀝瀝的細語，我的小傘更被你敲得咚咚的響，『雨中散步』的那份情調與韻味，我永遠也忘記不了的。

哦！你來了，劈劈拍拍的像鞭子一樣，抽打在地上，說下就下，說停就停，淋漓痛快，乾脆利落；極不像現在你所表現的樣子，拖泥帶水，婆婆媽媽；當你奮力而來，有如千軍萬馬，百戰雄師，勇赴疆場的氣概；當你回首而去時，像千絲萬縷，在半空中，縹緲迴旋，飄落得有如聖哲賢士的恬淡與安詳。

我想起蘭陽平原的雨，它曾帶給我無限的歡悅與興喜。

可是，現在你在這裏，卻是這樣的淒然！

哦！雨呀！妳應該是要獲得讚美和歌頌的。不是嗎？萬物賴以化育，在你降落的地方，就有生命在生長、茁壯！

你該聽到過：「風調雨順」這個詞兒吧！因此，你必須深自反省，你在這裏所表現的，既失天時，又失地利，更失盡了人和！爲什麼？告訴你：你的淚腺太發達了！這世界的一切，固然都喜愛雨露的滋潤，但更須要陽光的溫暖與照耀。

哦！你呀！究竟喜歡人們的崇愛與讚美!?抑或無邊的怨罵與咀咒！這只是在你的一念之間啊！

藍帶月刊一九七五年（六四）六月號

北宜路上的秋色

金馬號滿身披著白花花的秋光，從新店緩緩地爬上山坡，風從每一個車窗的隙縫中鑽進來，涼意就悄悄地增濃了！秋風在山坡的樹枝上跳躍，小草有些枯黃，蘆花已白了！成群的小鳥，驚覺到寒冷已經來臨，一齊飛出了草叢，在路畔光禿禿的櫻枝上及電話線上，飛來飛去，啾啾鳴叫。

布列森然的樹林，仍綠色盈滿，長年在與群山比高，在與藍天頡頏，這時仍倔強地向秋風發出噓噓的嗤笑！秋風搖不動它們，卻無端地，將路邊的一些桃樹和楊柳，眉也似的葉兒給吹走了。

也許是十月小陽春的原故吧！大多數的樹梢頭，又長出了條條的新枝，嬌嫩帶著霜白的葉兒，在微風中，搖晃得異常輕柔，在陽光下，閃爍得特別晶瑩，這是難得的一景。

× × ×

楓樹生性是最敏感的，夏天的鳴蟬，還在高樹的梢頭，快樂的歌唱，它卻慌忙不迭地，全身抖擻著，漲紅了臉，以預言家的姿態，在一張張紅色帶有缺口的名片上，印著：

「秋來了！」到處拜訪奔走相告。

上次，我曾打這兒經過，一些山溝裏的流水，還在款乃款乃的奔瀉，水花四濺，歌聲輕快而柔美；現在，卻不像那時的盈滿，流聲潺潺，雖然仍盡力地在石隙間奔流不息，但落葉滿溪，似已載不動這許多愁了！

× × ×

每一個人都說：白雲是在藍天上，但我在北宜公路的山間，卻親眼看到，它在樹梢，它在山腰遊蕩，並且曾經或幾次鑽進我們的車廂，當時，我想用手，將它拖住，卻讓它輕快地，從另一個窗口溜跑了！我想：如果眞能裝一箱子，提回去送給我的小女兒——「啊！一團秋天的白雲」——她一定高興極了！

車到頂崁、頭城在望了，從山坡向平地，車輛有如游龍，輕巧而靈活，從樹叢、竹林之間轉出來，即見蘭陽平原，稻已成熟，在藍天下揮撒著金黃，農友們肩挑手提，在田壠阡陌間，穿梭往來，對他們的辛勞，有無比的敬意，也以感恩的心情，欣賞著稻田中，蕩漾的綠波和金波。（六十七年十一月六日板橋蓮花廳）

蘭陽青年一九七八年十一月號
新文藝一九七九年（六八）三月十八日

秋遊九股山

——兼簡臥病臺中的李慶邦同學

×月×日，天陰。

早上，車抵九股山麓，一位導師就站在一方大石上，向他的學生說：「你們看：滿天陰雲，無雨；但微風輕拂，那正是野遊的好天氣。」

說完，他跳下來，朝著九股山說——「現在——登山開始——。」

同學們一窠蜂似的，跳著，叫著，你推我一下，我拉你一把，嘻嘻哈哈的，像野馬般的叩開了山的心扉；闖進了山的懷抱……。

——他們向森林握手；高山向他們低頭。

——他們引吭高歌；山為他們震動。

——他們縱情暢笑；谷為他們雷鳴。

——他們以古騎士的英姿，跨著高山的駿馬，馳騁在綠色的森林……。

——這畫面，確實夠生動，夠鮮活的了——

我開始學習他們；不！重溫著年青時的步子；走喲，爬啊！心雖然怦怦的在跳，氣也吁吁的喘個不止，但我嘴巴裏，仍然斷斷續續的，吹出一兩聲口哨。我有一個信念——「這是一個戰鬥的時刻，一切都得接受考驗；高山在前；我不能輸給他們」……。

入山時一位好心的同學，問我：「要不要一根手杖？」我說：「不用了。」我並告訴她：「老師年青時，曾經是爬山的「能手」呢!?這小妞兒卻說：「老師！」聲音叫得尖尖的，「你根本就沒有老嗎？」我聞言而壯之，心兒一喜，精神更振奮起來。

走著，走著；在路邊，在樹旁，偶而也有一兩個，體質較差的同學，氣喘如牛，無力的，蹣跚地，搖晃著身子；我趕緊走過去說：「疲累了，坐下憩息吧！」但未曾有一個接受我這「好意」。反之，他們走得更快了，他們的身影，在很遠很遠的樹林消失了！

我看見他們的身體，雖然搖晃著，但腳步堅定；他們的臉上，有的呈現著紅暈，有的掛著蒼白，在這些疲累了的孩子們的臉上，我讀出了生命的眞義。於是，我記起了西方的一句哲言：「——我的頭淌了血；但未曾倒下。」是的，人是應該永遠向前的，前路愈遙遠，越發不能停下自己的腳步。

上月，我的一個朋友，告訴我說：「嗯，你也有了白髮了！」乍聽之下，爲之驚愕，繼則莞爾而笑，我撫鬢自慰，深覺慶幸，因爲這畢竟是「年富力壯」的一種現象。它不僅代表一個人的成熟，最要緊的，還是它能使我警悟：「一生學問、事業、處世、待人，應以此爲起點！」

近十幾年來，爲了讀書，爲了做事，爲了生活……未曾爬過山，此次跟學生「一起爬山，未始不是受了白髮的刺激與鼓勵；但頭上這幾許白髮，能長此勵鼓自己，異日能有長進，這個要感謝上蒼，爲我早生了這幾許華髮呢？

說實在的，九股山比起我過去，曾經登臨過的大山，似乎還不夠雄偉與氣派，所以有很多同學，幾乎是一口氣，就爬上去了。

自九股山麓至山頂上的吉祥禪寺，中途有石級計五百八十九階，蜿蜒曲折，在竹林樹叢之間，遊人登臨其上，曲灣迂迴，如往而復，別饒風趣。在吉祥禪寺前，向下眺望，遠山近谷，巉巖奔馳；茂樹叢林，風搖青翠，一草一物，盡收眼底。臨風遠視，頓覺爽心悅目，胸豁神怡了。

靈光塔，在吉祥禪寺的右側，塔僅三、四層，建築粗劣，造型古舊，無一點可取之處，然在這裏，可以瞭望海景，風平浪息之際，碧波如鏡，鱗光瀲灩；潮汐來時，驚濤拍岸，白浪翻花，景緻倒也不俗；山下農舍茅屋，星羅棋布，阡陌縱横，四時綠意泱然。登斯塔也，確有生機勃發，忘記了自己的遲暮。

據寺裏的人語：入夜燈光如豆，稀稀落落，隱隱滅滅，在農舍茅屋之間；清光熠熠非常可愛；看慣了五光十色的霓虹燈花，不僅覺得它散亂的玲瓏有緻。而且它使你有一種自迷惑中，走向清醒的感覺。可惜我們無緣欣賞。

在石級路上，我看到一位同學，在一塊大石上寫著：「你快點走呀！你爬一步，山就矮一點了！」這很有道理。

又說：「山坡：懦夫視為畏途；勇者當作階梯」。讀後的確令人振奮。

西山張起了一幅彩霞，我知道夜神將提早拜訪這山巔的深林，我們滿懷興奮，踏上歸途。

蘭陽青年月刊·新文藝副刊

古城三峽

新年春節，家家戶戶都貼著紅紙春聯，堂上紅燭、香煙繚繞……。民權街、中山路那兩條古色古香的街道，造型特殊、陳設典雅，更粧點出一派「江南小鎮」的風情……紅磚、黑瓦、圓柱、拱門……特具情調……

當你從臺北搭乘直駛如飛的公路班車，或各型遊覽車，經板橋、土城、頂埔、橫溪，而經過三峽時，我勸你不妨暫時停下你的行腳，進入三峽鎮市區中心去逛逛。

三峽鎮——它也同臺灣其他地區的城鎮一樣，商店林立，物品齊全，處處呈現著：經濟繁榮，民生富裕，社會安定的景況；但是，您如果不是一個粗心大意的人，您將會發現，這個多山的小鎮，有一種特別的風貌，尤其，當新年春節，家家戶戶都貼著紅紙春聯，廳堂上紅燭高燒，香煙繞繚之際，而民權街、中山路，那兩條古色古香的街道，造型特殊，陳設典雅，更粧點出一派江南小鎮的風情——街道狹窄，屋房只有兩層，但都是紅磚爲牆，黑瓦爲頂，騎樓下的頂柱，都是圓圓或方方的，撐持著一扇扇半圓形的拱門，如果把腳下的水泥地，換鋪成石板路，騎著馬兒滴答滴答地通過，那情調就更令人回味不已了！筆者在鎮江蘇州，和江西的寧都與興國，都曾經看過這樣的街道，幾乎與三峽的民權街與中山路一模一樣。

尤其，民權街與中山路，那些商店的招牌，它們的名字，大都是什麼「舖」呀、「行」呀、「坊」呀、「號」呀、「記」呀、「店」呀的，一派古老的格調，招牌上的字和飾花，有的用古木雕刻而成；有的是用碗罐杯盤的破瓷片，或細碎的石子鑲砌粘貼而成的，字號的四方，並襯以各種古式的回文形圖案，或浮塑著各種鳥獸花卉的圖形，儘管年代已久，稍有剝落的情形，然其形狀仍是生動活潑，手藝精巧。尤其，每個招牌字號的上下款，都註記著房屋建造的年月日，如：歲次甲子、壬午、癸酉……甚至皇清同治、咸豐、光緒、宣統等年號與帝號，都在一些房屋的招牌上，清晰地記載著，使你經過這些小街小巷，心底不禁產生一種古意盎然的情懷，或者你更會忘情的叫出：「啊！好一座古老的中國式的古城」的話來！

這時，你不會因爲它壅塞、狹窄、古舊而生煩厭之心，反之，更會覺得它的古樸風貌的可愛呢！

記者就曾在一家中藥參行和一家染坊的門前，佇立和沉思良久。因爲，我被那幾句「鹿茸燕桂、長壽不老」以及那家染坊用石子貼成的：「本坊不惜重資，精選原料，嚴加督工，製造發售」等字句，神馳不已，讀了又讀，看了又看，那種古中國商場上所注重的「童叟無欺，貨眞價實」的高貴情操，令人嚮往。

一位染坊的黃姓老先生告訴記者：這些房子，大都已建築了一百到二百年以上。他說，他們也很喜歡現代式的高樓大廈，但是，認眞的說來，他們還是喜愛自己中國式老屋的那種造型。老先生說：「這不是偏見，是祖宗留下來的，住慣了嘛。花木尙戀故土，鳥兒亦念舊巢，人嘛，更應該要有根啊」！他拉住筆者的手：「你看，這屋內的大梁以及磚瓦，還是從大陸漳州、泉州、廈門等地搬運而來的呢」。他吸了一口煙，又緩緩地吐出來：「啊，都是百多年以前的東西哪！」

鎭公所在中山路上，紅牆黑瓦，中西合壁，巒玲瓏可愛的。只有兩層，雖談不上宏偉，倒也壯麗可觀。但是，就在鎭公所的對面，有一家陳×珍的商店，店雖然未開，卻在招牌的上方，仍留著「昭和七年」字樣，此不僅刺目，而且破壞這條街的莊嚴、崇高，有關單位應請屋主早日把它去掉才對。這兩條街太美，也太可愛了，不要因這四個字，而減損了它的嫵媚！

中央副刊．旅遊專刊一九七九（六八）二月廿三日

後記：這本來是一篇「新聞特寫」稿，但中央日報的編輯，特從新聞版移至副刊新闢的「旅遊專刊」。並且本文發表後，中廣即派人去實地拍攝紀錄片；不久光華雜誌亦邀請我爲「嚮導」（我我任中央日報板、新、三鶯地區駐在記者）作實地拍攝紀錄片，作專題報導，促成以後的列爲「古蹟保護」街道。

鄉野春光

人潮與車聲的喧囂，過去了……這裏，是一個寧謐而安詳的農村。它有：氤氳的山坡，廣漠的田園，被藍天覆蓋著；朵朵團團的白雲，在陽光下飛奔，基隆河上，輕煙瀰漫，田壠陌間，耕耘機嘎然長鳴……

久雨初晴；我怎樣也按耐不住心頭的這份喜悅，披上那件破舊的夾克，衝出門去，口哨就輕輕地在嘴邊吹起來了。

早上的田埂上，有水銀般的露珠，泥土是鬆軟軟的，一腳踩下去，有吱吱喳喳的聲音；被剷平修整過的田埂，有剛剛萌芽出來的草尖兒，像一顆顆綠得發光的銀針。

俏皮的風，爬在綠樹的梢頭，把田邊的林子搖得呼呼直叫，那些細細長長的垂柳，更是輕盈盪漾個不停……

在犁翻了的水田中，一些白色的水鳥，像踩高蹺的老人，彎著腰，脖子卻伸得直直的，以銳利的目光，在獵取被鐵牛掀翻出來的泥鰍和小蟲，來回追逐，揮之不去。

稻田裏的水淺淺的，剛蒔下去的秧苗，舒坦地擺在淺水稀泥的表面，不密不疏，均勻而有緻，那些早幾天，插下去的秧子，新苗已沖出水面，郁郁青青，生機盎然！

我喜歡坐在小河中的岩石上，靜觀流水款乃款乃而來，又嘩啦嘩啦而去，它們匆匆忙忙，從不停留，這一簇一簇的浪花剛剛消失，那無數更美的浪花，又在各個石隙縫中湧起；我認爲流水是勇敢而堅強的象徵；但當我爬上岸來，卻發現永不撓屈和疲憊的生命，應該是那些小花和小草的；前些日，我把一塊巨大的岩石，從小山上滾下來，小草被壓死了一大片，但不幾天，他們又挺起腰肢，舞踊在同類之間。反觀，自詡爲萬物之靈的人類，它們的生命與意志，卻何其脆弱!?該向它們學學。

河邊有一口供奉「福德正神」的小廟，四五年來，四根水泥柱上，都是空空盪盪的，最近卻有一位×中學的教師先生，爲這座小廟，用紅漆寫上一付對聯，曰：

福澤如流水，流水長長漲長長流，有去有來；

德恩生靈廟，靈廟天天拜天天靈，即求即應。

如此一來，青山、綠水、紅字，爲這河邊的小廟，生色不少了。

長長的電線桿，在都市中是有礙觀瞻及妨害交通的東西，但在僻落的鄉村，卻也成了一種美的點綴，在陽光下在細雨中，那些飛倦了的鳥兒，三三兩兩，上下錯落地，排列在鐵線之上，遠遠望去，就有如經過精心描繪出來的五線譜一樣，有一種說不出來的超俗的美感。

入春以來的鄉間，地上鋪了翠華與新綠，每天我總要抽閒，悄悄地把自己置身其中，我發現它們除了默默的生長之外，還會各自盡力地，在謀求自己的生活，要過得更洒脫、更舒坦一樣，不是嗎？當它們頂著朝露，迎著陽光時，陽光便爲它們掛上了笑嫣，風更爲它們配上了音樂和語言了！它們會說，它們會跳，誰也不甘寂寞，而我呢；也總是默默的站一旁，以感恩的心情，去領受這份喜悅與快樂。上天的這種恩賜的確太重太厚了！而且，不需付出任何代價。領受之餘，又如何能不感謝呢？

（六十三年春於爪峯山下）

青年日報新文藝副刊一九七四年（六三）發表

臺灣日報副刊一九八三年（七二）四月十三日轉載

將題目改爲：「鄉野春光盡撩人」

蛇子形這條路

我來到這裏一年後，才發現這條美麗的小山路！

一天，我從學校出來，回頭看到半圓型的教舍，千百多片玻璃，被午後的斜陽，照得通光明亮，而且有半數以上，都投影在基隆河中，景色的壯麗，實在動人已極，一時遊興勃發，就不自覺地蹓上了，圍牆外的那條小山路。

小山路的左邊，是基隆河，河裏的流水，在午後的陽光下，也顯得特別活潑和生動，款乃款乃的流水，在石罅隙縫間，開放出大大小小的白花。平直的地方，奔馳豪放，波光瀲灩；扭曲之處，又閑雅柔和、婀娜多姿，由不得你，不佇立河畔，多看它個幾眼。

小河有如一條絲帶，千迴百轉；河岸上的小山路，比絲帶更柔輭，更是蜿蜒曲折；我不知道；是被那多變的流水，還是被那條蜷曲的小山路吸引著，兩眼貪婪地，瀏覽著水光山色，兩隻腳竟不由自主的，踏著熠熠的陽光和樹蔭，愈走愈遠了！

經過幾間茅舍，我走過去看看門牌，說是：「蛇子形路」，心裏暗想：——好一個古怪的名字。但當我佇足回頭眺望，又恍然而悟了。那裏是一條小路!?眞酷像一條蟒蛇，在大地的胸脯上彎彎曲曲、高高低低的，在田間、山坡、農舍茅屋的邊沿，晃頭擺尾，蠕蠕爬行呢!?

「越看越像一條長蛇了！」嘴裏這樣唸著，更禁不住對那位當初把這條小山路，取名爲「蛇子形路」的人，頓生無限的仰慕與欽敬。我下意識地想：他不是詩人，也應該是一位畫家才對啊！否則，那能把這份既富抽象而又具體的形像之美，共同表現在這條路的名字上呢！不是詩人和畫家，也該是爲路取名字的大天才！

蛇子形路離開河岸，就忽隱忽現，蜿蜒曲折地伸向山邊、田間、農舍茅屋，在樹林之間，穿梭來回；一路上有許多小廟，有許多流泉，有聽不盡的鳥鳴啁啾，看不完的鮮花芬芳；尤其昊昊陽午，風搖樹林，那一波又一波的綠浪，眼看它剛從一個山尖滾下來，一忽兒又從山谷，翻上了另一個山坡，它矯健如游龍，一天到晚，一年到頭，總是這樣，嘻嘻哈哈，快快樂樂的爬上又爬下，沒有休息，更無盡止。

風，是蛇子形路上的好歌手，它有清脆醉人的歌喉，當它放開嗓門，歌聲便震盪了整個山林，而且曲調是這樣美好天成，無與倫比。低沉時，幽雅舒暢而柔和，如怨如慕，如訴如泣；高亢時，雄渾昂揚，似千軍萬馬，奔騰而澎湃。這時你如果在小路邊，揀一塊大石坐下，閉目傾聽，將不知自己究竟置身何處？我沒有到過歌廳、進過舞廳，我不知道那裏的男女歌手，所吐出來的聲音，是否也能像蛇子形路上的風吹樹林、石激流水，所發出來的聲音，那麼美妙而自然；眞是清新、壯麗；雄渾、柔美，兼而有之，其悅耳怡人的高妙境界，確實到了祇能心領神會，而無法以言語筆墨來形容的地步。

難怪前昔日子，高嵐影來函說：放了假一齊到山上來：看樹的舞蹈，聽山的唱鳴；想是這個境界了。

蛇子形路的中途，有我的一些學生住著，他們的家屋，都被翠綠的榕樹，或修長的竹枝所掩蓋，黃狗蜷臥在稻草堆上，雞群在山坡草叢自由覓食，鴨子在池塘嬉戲，襯托出山村一片逍遙安閑的生活。

那天，我沿著蛇子形路，一直走路到候硐，有一處很長的山坡，路上盡是相思樹和竹林，中無雜樹，規則又整齊，一片美景，實在怡人至極。我有點倦了，就在一塊岩石下憩息，涼風輕拂，山泉琤琮而流，我摘下路邊一張芋葉，掬水而飲；我已經覺得這些水，實在清澄、沁涼、甘甜不過了，但我的學生卻阻止我，說這些水夠混濁的了！不能喝！他們帶我走近一處懸岩，撥開草叢，就有許多塑膠管子，他們選了一根有接合的地方，熟練地拔開了，晶亮的水就流出來了，同學們告訴我，這些水，是從很遠的高山接下來的，我喝了一口，沁涼透澈全身，甘冽異常，我無法描述我心頭的滋味。祇覺得住在山裏的人，實在是有福了！

正陶然忘我在這幽美的境界之中，驟然從遠處傳來火車戛然長鳴，縱目遠視，候硐，——這瑞芳煤山中的一個大站，在山下的煙塵迷濛之中。

我站的地方，也就是蛇子形路的盡頭，因此，這裏也就是空氣新鮮與污濁的分界線。

擺在我們前面的，回瑞芳或臺北去，往山下走五、六分鐘，就有「舟車之便」，但必須置身在車輛震盪，市囂紛擾，與空氣污濁之中；而往回走，則是「林壑尤美，望之蔚然而深秀」的山林曠野，景色宜人，空氣新鮮，但須花兩個小時的腳力；然而，我卻毫不猶豫的，決定仍循原路歸來。

當我重踏上蛇子形路時，眞有詩人王維說的一樣：「返景入深林，復照青苔上」的味兒。這時夕陽撒滿了山林和田間。禽鳥歸巢，四野蟲聲唧唧，與來時的景況完全不同，而且肩挑手提的農人，也陸陸續續收工上路了，他們一面走，一面談笑，前後呼應，好像一天的工作，根本不覺得疲勞。我走在他們的中間，他們雖感陌生，但不驚異，並和我打招呼，顯得非常親熱與和善，由於蛇子形路，雖是水泥築成，但寬不滿三尺，而又彎曲隆伏不一，祇容兩人擦肩而過，故終年沒有車馬的喧囂，沒有俗客的干擾，他們祇知辛勤的耕種田地，他們過著一種恬淡、怡人的生活，更使我難忘的，是他們每一個人的臉上，那一份安閒、快樂的表情。

青年日報新文藝副刊一九七六（六五）三月六日發表

後記：根據新文藝副刊主編呼嘯先生來函說：很多讀者讀了您：在「瑞芳山中」這一系列的散文後，說要請我介紹與您連繫，要到瑞芳來……讀者們被那「山水之景」著迷了……。文中提到的高嵐影讀者，就是其中一位，很可惜，她來過瑞芳，但沒有見到我，又不敢個人進入山中……稍加瀏覽就回臺北了。事後在信中說。

秋夜四賦

一、星光

我喜歡一個人，靜靜的佇立，仰首凝視夜空，寒星數點，發出的那種清冷的光輝，和那幽幽冥冥的閃爍。

徐志摩曾說過：「數大便是美」，但我覺得這話，並不盡然，比如在夜空中，星月交輝，銀河在天，大大小小的繁星，把天空擠得滿滿；倒不如；淡淡的月色，在遼濶的長空下，祇有繁星幾點，閃爍著清光，來得自然，來得舒爽！

因爲，滿天星斗，不僅顯得刺目，而且，我的確覺得，它還給人一種，紛擾、雜亂、矛盾與眼花撩亂之感。它是一種赤裸裸的，粗野狂放，過分暴露的象徵；而冷月清輝，寒星閃爍，才顯得夜的幽冥與神秘，怡然與恬靜。

尤其，夜深人靜，四野寂寥，這份清輝，這份澄淨，使你益發覺得，宇宙的至眞，人性的至善，萬物的至美了。

二、小河

小河在白天是靜靜的，流著，流著；大家都認爲它是一個不善於表現的人；嘿！一到夜晚，你可知道；它有多美呀！當兩岸的柳枝兒，在日間被舞蹈得腰痛難伸，垂著頭閃爍著晶瑩的珠淚，它卻被著一件用金片綴成的衫子，亮光光的，興奮得覺也不睡了，像一頭矯健的小花鹿，在月光下狂奔著，遠遠的看去，又像一條明麗發光的彩帶，唱著清歌，縹縹渺渺，向前躍進，走出一團陰影，又伸入一處明亮……那波光多瀲灩，那步履多矯健，那歌聲多輕柔！……

夜，在小河的兩岸，漫山盈野，散布著憂鬱與寂寞，而小河呀！卻一路帶著響亮而瀲灩的波光，傳送黎明即將來臨的消息。

啊！多美呀！深夜的小河，它不斷的向前奔流，柔美的波光，即不停的閃爍，黎明的消息，也愈傳愈遠了！

三、路燈

路燈，是一位了不起的英雄，無論風雨，它總是矗立不移地，拮抗於浩蕩的曠野。

——點燃憂鬱的夜空，是星星和明月；

——點亮黝黑的大地，是高高的路燈啊！

——路燈呀，是你抗拒了黑夜！是你延長了白晝！你終年亭亭的佇立在路旁，高舉粗臂，將光輝撒給風雨夜歸的人。

今夜，我又打從你的身邊經過，你頎長的身材，將我孤寂的影子，遮掩又擁抱，我感到一種異樣的溫暖，有如浪跡天涯的遊子，突然投入慈母的懷抱。原來，你是如此多情，而我啊！卻從不曾向你道出，我底心願，我不是長久的夜遊者，祇因在我的心底，有一個回家的夢。

四、花草

「啊！月亮出來了！」小孩兒在高興地呼叫著，而你卻輕搖著頭，在幽暗裏哭泣，我知道，你不喜愛黑暗，因爲它掩蓋了你，用生命粧點出來的，鮮明的綠了！尤其矗立在你胸脯的，艷紅，金黃的花朵，有如萬盞明燈，沒有陽光的照射，又那能顯出它們的美麗！因此，每逢夜幕低垂，你就揮淚如雨，黯然傷感了。

儘管，白天來時，你會遭到無情的踐踏，但你是一個意志堅強，敢於面對現實的勇者，從無怨尤，更不畏避，即使被鐵鏟連根拔起，一番風雨，又從泥土中，鑽出一個新的生命，銜著金色的朝陽，迎風嘩笑！

新文藝一九七一年（六〇）十二月十一日

臺北瑞芳

鵝和白鷺

一、鵝

剛搬進這個村子，第一件映入我眼簾的東西，就是屋前，那個草坪上的雞鴨和鵝群，還有十幾隻烏黑的綿羊。我生長在農村，從小就跟牠們結了不解緣，沒想到又在這裏跟牠們重逢了，心裏的有說不出的高興。

車子在草坪的邊沿停下來，牠們都驚訝地各自走開，祇有那些鵝伸長了脖子，高聲地叫嚷著，昂首挺胸，舒展著雙翼，施施地向你走來，又撲撲翅腿，掉轉頭施施地走開；魁梧、雄偉、傲岸，有一種懾人的威儀。

我每天踏著曉色出門，牠們還被關在籠子裏，等我日正當中歸來，牠們大多慵懶地，蜷臥在草坪的樹蔭下，我故意把車鈴掀掀，牠們就一哄而起，四散開來，脖子豎起，嚷嚷不休；有的像紳士，一股彬彬斯文的風貌，歪著頭，以堅定的腳步，大模大樣，搖頭搖尾而去，心境頗爲豁達而和平。有的如暴君一樣兇猛，一股凜然不可侵犯的嚴肅，眉宇間，毫無表情；你如膽敢向牠走去，牠們的脖子伸得更高，嗓門叫嚷得更響，頭上頂著一個肉包，黃澄澄的，在陽光下光芒四射，也許這就是象徵牠們的權威吧！草坪裏的雞鴨和小綿羊，無不乖乖地，聽牠們的么喝和指揮。

我喜歡看牠們在草坪裏，互相追逐，振翼飛奔，那種矯健強勁的身影；也喜歡牠們慵睡時的，那份安謐與寧靜。尤其，在薄暮時分，農婦們對牠們，一聲聲的呼喚，牠們就像船兒一般的，一艘艘徐徐緩緩的，停靠在池塘或小溪的岸邊，從水面爬上來，巍巍巍巍地，走回牠們的鵞屋去。

二、白鷺

我住在板橋，從我住的地方上臺北，祇隔一條華江大橋，所以不能算鄉下，而意外地，我的房子，卻鄰接在一塊空地的畔邊，祇要我抬頭，把眼睛向前探視，向近看，是一片碧綠，接著一片碧綠；向遠看，是藍天白雲，緊緊地壓住一些小山，也是一座連接一座，它們終年蜷曲著，這裏隆起，那裏伏臥，而那有名的觀音山，就是仰臥在不遠處，它每天最早迎著朝陽，彩雲滿天，霞光萬丈，躺臥在它腳下的田野，被映照得金黃色裡更透沁綠。

就是這樣一個早晨，我在屋子的陽臺上，做健身運動，兩隻白鷺，從我的頭上飛過，我正抬頭仰望，又兩隻，四隻，跟著而來的，是一群又一群，張著白色的翅膀，戛然長鳴，俯臨著這片綠色的田隴，當快要接近地平線時，兩隻白色輕翼，水平般的舒張著，徐徐地、緩慢的，低飛、盤旋、平飄，落在剛蒔下秧苗的田中……

有的，兩腳剛剛落下，又振翼而起，在微風輕拂，晨露瀰漫中，飛上又飛下，牠們輕輕地飄浮，輕輕地盪漾；有如飄浮，盪漾在微波的海上。

有的，一飛沖天，霎時那麼高、那麼遠；一個白點、一個幻影，在天際消失……偶而，幾聲長鳴，一個白點、一個影子、又出現眼前，又舒展著雙翼，低飛，平飄而又降落在，牠們的群伍中……

牠們在田畝中嬉戲，追逐，牠們挺直的雙足、長長的頸子，頂著一張尖尖的嘴，以利銳的目光，整天在稻田、小溪和草坪裏，巡行著：泥鰍、小蟲、魚蝦、蚯蚓，都是牠們獵取的對象。牠們似乎不怕農夫的么喝，及附近機械聲的干擾，整天在田間、溪畔，自由自在的徜徉。

一直到黃昏來臨，突然一個同伴的振翼騰起，就又三三兩兩、三三兩兩，飛向牠們早上來的地方。

中央副刊·青年世紀月刊

平溪行

平溪，是臺北縣四個偏遠鄉鎮之一，雖有火車從侯硐直達平溪菁桐坑；基隆客運，也有班車從四腳亭至平溪；但均因班次太少，對平溪的對外交通，幫助不大，就因爲如此，倒反而把一個景色秀麗的小山鎮，保持得寧靜安詳極了！

我去過平溪兩三次，它給我的印象，一次比一次深刻，而且回來了又想去，眞是回味無窮。平溪，除了那條小河因爲洗煤的關係，終年烏水悠悠，在山谷深澗，千廻百轉地奔流，給你一種特殊的感受之外，平溪的山，它也具有一種特殊的風格，不像別地方的山，那樣莽莽叢林，布列森然，它低矮綿延，像蒙古包似的，一座接著一座，而且又是高高低低地，相互錯落並立著，每一座山上，除了少數的小樹外，全都是茸茸郁郁的綠草，看過去，給你一種舒暢爽快的感覺。

由於群山連綿，高低參差，每當山風輕拂，那種細細颯颯的響聲，又會隨著風速的快慢和大小，發出無數種聲音來，抑揚頓挫，清脆婉囀，盪漾在你的耳旁，這種風吹山鳴，剛柔兼具的聲音，它不能列入詩，更不能算是歌，詩，沒有它這樣韻律優美，歌也沒有它這樣節拍舒暢，尤其和風輕緩地，吹過群山之巔，萬山皆鳴之時，一些鳥兒，忽然，霍地一躍而起，振翼疾升在群山之上，戛然長鳴，舒展著雙翼，緩緩地盤旋，平飄在山巔之上，鳥聲在谷中迴盪，風聲鳥聲相應，高低相和，剛柔互混，交織出來這種「山鳥和鳴之歌」，實在美妙好聽得無法形容。

歌與舞，大概是眞的孿生姐妹，同時並存的吧！平溪的山，不僅會載歌，而且更會載舞，那些山坡和山谷中的小樹，翠綠的葉子，被細細長長的樹枝兒，牢牢地串連著，盡力地想伸向藍天，伸向白雲，在清風裏搖曳、掀揭、翻滾；在陽光中掩映，閃爍、變幻，每一棵樹，就好像柔情千種的少女，滿身綴滿了金色和銀色的亮片，迎風舞踊，婆娑生姿，活潑又輕快。

因此我感覺，眞正韻律優美的舞姿，不是在夜總會的舞臺上，可以看得到的，也不是那些舞蹈家，所能表現出來的；在山坡的草尖上，樹的梢頭，田野稻穗的葉片上，當清風伴著鳥鳴，陽光和著花香，用舒緩的步履，親吻、撫慰，依戀而過的時候；像雲的游移，像紗的縹緲，像海的波浪，你會覺得這種韻律的美，何其自然？

平溪，有沒有大街，我不知道，但從菁桐坑下車，有一條古舊的小街，騎單車可以通過，住在這條小街上的生意人，各自坐在自家的店門口，就可以相對聊天，三、四個人並肩走，也就顯得擠了！因此，你可以想像它有多寬。但是它很熱鬧，也很繁榮，任何在臺北買得到的東西，這裏都有，不過價錢稍爲貴一些而已。

房屋大多是依山修建的，祇要打開前門或後門，都是一片綠色的山林或田野；如遇雨天，山嵐縹渺，陰雲四合，濃霧有如棉花，在你的前後左右滾動，天地上下一片瀰濛。但當雨過天青，惠風和暢，則又草木清新，山色靈秀，充滿了無限綺麗；當此芳草綠郁，欣欣向榮之時，你更可以放開眼界，舒坦心胸，正有如王羲之在蘭亭集序中所說的：「仰觀宇宙之大，俯察品類之盛，所以遊目騁懷，足極視聽之娛，信可樂也！」的這種情景，大大地享受一番。

菁桐坑街上的道路，初看去，以爲上面鋪了一層厚厚的柏油，烏黑得發亮，這是因爲菁桐坑附近的各個煤礦，都在這裏卸煤和裝運，而且又是各煤礦工人上下班的進出口；煤是從一兩千公尺的地下挖上來的，所以這條小路，不僅有他們長久以來的腳印，更混和了他們的血汗，我一向對下苦力的人，有無比的尊敬，因此，走在這條用細碎煤屑積踏起來的路，不僅覺得溫馨更感親切，而且有一股虔敬的感受。

走出小街，就是一座水泥大橋，從這裏有許多小路，通向每一座山坳；每一條小路，都是彎彎曲曲的，路上行人也很少，有時偶然碰到一群外地來的遊客，或三兩個當地的居民，匆匆擦肩而過，當你回頭看時，他們又不知隱沒在那條小路之中啦！

菁桐坑也有一條碎石舖成的大馬路，依著烏水常流的小河，蜷臥在群山的腳下，靜靜的有如沉思的老人，每條小路就從它身上分出來，雖然細小，但都隱藏著一股潛在的力量，它們一條條伸向高山，伸向平原，伸向無窮，這是你如佇足默默沉思，甚至它會把你引入另一個「冥想」的世界，這時：河水悠悠，鳥鳴嚶嚶，山風颯颯，蟲聲唧唧，更會以具體的形象帶著清晰的聲音，進入你的腦際，配合你的思維，引發你心靈上一種超塵出世的共鳴。

夜，在平溪來得特別早似的，太陽剛從西邊的山坳裏滑下去，第一個來到山村拜訪的客人，就是流動性特大，揮發性特高的山霧，它順著時鐘的刻劃，不斷地把夜幕，加濃、加深，然後迅速揮撒出黑漆的灰粉，將大地籠罩，伸手不見五指；馬路上雖然有路燈，高舉粗臂，盡力在黑暗中閃耀，但群山連綿，路轉峰廻，燈光也跟著忽隱忽現，忽明忽暗。因此，在夜路上迂迂而行的人，你剛看見他在那明亮的燈光下出現，立刻他又在另一個黑暗處消失了。

燈，在小山上的樹叢裏，小河邊，田野間的竹林裏，那些小屋之中，柴門半掩，一窗透明，爲這寧謐而安詳的山中之夜，抹上了多少迷離的夢境，太美，也太神奇。

天上的星星和地上的燈火，雖然盡力地在抗拒黑夜，但夜，畢竟越來越深了，我發現我的頭髮上，有露珠在滑落，身上有點冷了，施施地走近停靠在山邊的計程車，司機已甜甜地睡著了。

我輕輕的搖醒他，舉手看了一下手錶!?。他說：「這樣舒坦寧靜的夜，在臺北有錢也買不到的！」

「你也喜歡這深山中的小鎮？」我說。

「何止喜歡」他看了我一眼，「我實在深愛著它呢！」他給了我一枝煙，先點燃了他自己的，順手把打火機給我，他說：「我們因職業的原故，假如，我像先生是教書，我將絕對不選擇在臺北。」

我點頭，我也會心的笑了！（六十五年六月十六日板橋）

新文藝副刊一九七六年（六五）六月八日

從臺北到高雄所見！

上星期一晚上，我從高雄返臺北，匆匆忙忙，在車站買好了第二天北上的光華號車票，剛步出車站，想找家旅社住下來，卻被一個小孩擋住了，他問我要不要上臺北？原來他是某觀光旅行社派出來專門「刼」客的，我告訴他：已買好了明天的車票，今天我實在想休息了！但我的話還未了，他已把我手上的車票拿過去，不由分說的，跑去退了票，他突如其來的舉動，當時的確使我措手不及，而另一位在我身邊的青年人，順手在一個本子上，撕下了一張——當晚七點三十分的遊覽巴士的黃色車票，塞在我的手上，這似乎有點「強迫乘車」的味兒呢？但車已停在路邊，也奈何不得，祇好跟著別人一塊上車，心想想早點到臺北也好；自己安慰自己。

踏進車門，車就開了，我問他們，幾點鐘可以到臺北？都說：天亮五、六點就到了！我屈指一算，要九小時以上，心突然慌了起來。兩眼直楞楞地，向著窗外發呆。

車廂內，祇有一盞大概五支光的燈泡，在儘力地抗拒窗外黑黝黝的長夜，那些被勞累、疲倦，征服了的旅客，一個個像一尊尊的羅漢，各就自己的方便，擺好一個架勢，迎接一次疲累的長征。

車抵岡山，隨車「服務」的男女四五人，一齊蜂湧而下，跑進火車站，及招呼站，又強拉了一批旅客上來，他們對於「超載」這件事，似乎很少顧及，我伸頭向窗外探望，但夜黑霧濃，燈火迷離，車在這裏停了很久，人也上得最多，擠得要命，雖然夜涼如水，車內的旅客，個個汗流浹背，好不容易車開了，我計劃在臺南下車，但意外地沒有停，在新營反而停了！

車子重離市區，也許這是正式「長征」的開始，車如怒馬脫韁，在黑莽的夜裏，猛衝，直撞！飛奔！疾馳！遠遠看見衝面而來的燈光。「殺」的一聲，兩車相距又數里之遙了，速度之快，衝力之猛，實在令人提心吊膽！

那些貨運車，臃腫高大，蹣跚、搖幌，由於裝載過重，看起來舉步艱難，但仍在力竭聲嘶，拼命掙扎，疾馳而進；尤其，那些滿載雞鴨，豬牛的車輛，由於快速驚人，雞、鴨、豬、牛，經不住過分的擁擠，和猛力的衝擊，壓榨，發出的那種哀憐、悲號之聲，令人不忍卒聞！

計程車滿載乘客，一路飛奔，一路不停地拉著揚聲喇叭，它們似乎充滿了生命的活力，穿梭在各種車輛之間，互競長雄，有時在馬路中央，和大車並駕驅馳，一大一小，一高一矮，形成強烈的對比，眞是險象環生。

有時車輛，爲了達到他們「全速行進」的要求，幾乎一路打著遠光，使迎面而來的車輛，視線模糊，不得不乖乖地減速慢行，或者停靠路邊；讓這位「全速」將軍，呼嘯而過！如果，是同一方向行駛，要想超車，則大按喇叭，不斷以近距離，追使前車讓路，如再充耳不聞，則遠光、近光、喇叭，三者交互使用，使路面光線，閃爍不定，以增加其行車困難；前車如果不甘受迫，乾脆開在路的中央，翹起屁股，端端正正的，向你放一把黑煙，使你全車乘客，嗆得氣也喘不過來，這樣一來，祇好知難而退，乖乖地在後面，跟它一段；然後才肯讓你先走，當兩車擦肩而過時，再相互回敬一聲：「幹你娘」！

當離斗六不遠的地方，在黑漆烘托的深夜裏，突然在窗外，傳來數聲傖促的哨聲，淒厲而尖銳，跟著一道強烈的光，從車後的玻璃上射進來，車子愈快了，車外的哨聲，也更緊迫，更響，更尖銳起來，車子才徐徐的慢下來，一位年青的隨車拉票員，從前面跑到車後向車外看了看，尖叫著：「不管！開，快開」，車子又在高速進行者，祇聽得窗外，「殺！殺，殺」的聲音，一輛輛的車影，向後面掠了過去。

在另一個轉彎處，哨聲又響了，強烈的燈光又從後面照了進來，這次乘客們，有人叫「開」！有人叫「停」！人們的心理，就是這樣反常與矛盾。

但，車子經過一陣衝刺之後，終究停下來了。

——原來，是交通警察。

——說是「超速！」

我吁了一口氣，把全身神經，放鬆了一下，心裏在想：豈僅是「超速」？簡直是「

拚命嘛！」

司機下車了一會上來了，聽說是：「花錢消災」了事，車又殺殺的開了。

閉上眼睛，祇聽得窗外的風聲，不是嘩笑，而改爲「噓！噓」的聲音！

到了斗六，又拉上來一批客人，這時我很奇怪，警察先生，爲什麼祇顧「超速」，而忘記了「超載」呢？

但稍後，我也就明白了，如果說：「超載」了，那末在這深更半夜，你能叫誰下車，罰司機「超速」問題就少，說「超載」牽涉的問題就多了！唉！世間事，原就不是絕對單純的。

員林，是一個「重站」，因爲前面就是彰化、臺中，所以躭擱的時間，少說也有四十分鐘。我趁著這個機會，溜下車來，這時已是凌晨一點卅五分，大多數的北部城市，這時候，應該是徜徉在甜蜜的夢鄉了！但是員林車站，卻正燈花輝煌，小吃攤、生意興隆、水菓糖食，利市百倍，大家都想，早點趕到臺北，因此，熱鬧非凡；車站的廣場上，停滿了計程車，和各種巨型遊覽巴士，拉票員在各顯神通，穿梭在車輛、人堆之間，展開了各種活動，要搭車的旅客，就好像貨物一樣，任他們擺佈，張三撥給李四，李四讓給王五，公開論價，私下交易，明爭暗奪，激烈無比，不是搭過這種鬼夜車的人，是無法體會的。

看看時間，已快兩點了，他們爭奪旅客之戰，尚在繼續，於是，提著小箱子下車了！

從員林到臺北的那一段路，我沒有去再經歷，但我已體驗出，夜車的驚險行程的可怕了，如果夜晚的交通安全，有關當局，沒有適當疏導與管理，我們可以斷言，車輛粉碎，血肉橫飛的悲慘場面，遲早會不幸地呈現在吾人眼前。

自立晚報六十一年輿論專欄

瑞芳浮雕

瑞芳——這個曾經以出產黃金、黑炭，而聞名全省的小山鎮，聽起來非常雅緻，其實，它本來不是這個小鎮的專有名稱？遠在七十餘年前，它是本鎮柑坪里，一家雜貨店的店號，當時礦業未興，居民稀少，更無商業市場可言，該雜貨店就在「祇此一家，別無分號」的情形下，附近居民，一切日常生活用品，都靠這雜貨店供應，也是附近居民，消閑落腳的地方，他們在中途相遇，相互答問，不是「從瑞芳來」，就是說：「到瑞芳去」。日久成習，店名便成了地名了。迨至臺灣光復，這小鎮的名字，就稱瑞芳，隸屬於臺北縣。

瑞芳的面積，不過七〇·七三三六平方公里，群山環繞，可耕之地不多，故一般居民，均以挖煤炭，淘金沙爲生，從事農業及魚業者，祇佔絕少數。近年來，由於金礦產生銳減，煤炭又不景氣，故一般居民生活尤爲艱難，形成人力外流的嚴重現象。

瑞芳一年有三分之二的時間，是在風雨凄迷，薄霧濃雲之中，所以雨衣、雨傘、長統膠靴，是這裏的一大特色，無論春、夏、秋、冬，街道兩旁，都琳瑯滿目地攤擺著各種雨具。

瑞芳爲一狹長山谷，本來就嫌太小，加上一條縱貫鐵路，直貫市區中心，又有一條終年流著烏黑流水的基隆河，依山長流，把新社區，又切成了兩半，於是鐵路、河流、礦坑、煤炭堆棧……的確把一個瑞芳更擁擠得不成樣了。

這裏的居民，都不是祖居此地，他們隨礦業的興衰而轉移，故瑞芳戶籍動態，至爲頻仍與複雜，男性居民大都在煤山工作，一般年輕女性，因受不住這煤山的困苦，或爲貼補家用，均遠出外地謀生，尤以少女爲然。

瑞芳的礦業，可以分爲金礦和煤礦二種，主要金礦計有：金瓜石的金屬礦業公司，和九份的臺陽礦業公司，以及振山實業社、（大粗坑）和金協和金礦，（在小粗坑）與瑞山金礦公司等，共五家。煤礦就多了，大概在十五家以上。

在瑞芳的計有：中和、懷山、瑞德。在四腳亭者則有：瑞和、永安、吉慶、平和、耿德、永富。侯洞有瑞三。深澳有建基。九份有福益。永久煤礦在金瓜石。大富煤礦座落鼻頭。這裏煤礦雖多，但都在停頓狀態。不過自世界能源缺乏危機出現之後，許多礦坑，又開始重新挖採煤炭了。

瑞芳的市區，是以火車站爲中心。前車站爲新街；後車站爲舊道（老街）新街商業較爲繁盛，街道亦較寬敞，整潔；菜市場就在火車站的正對面，其髒、亂、壅、擠、臭的情形，就非語言、文字，所能形容的了！我敢說，在臺灣也許找不到第二個。因此瑞芳有關當局，實在應該拿出魄力來，加以整理一下才好。

瑞芳這個小鎮，雖以產金聞名，但鎮上的金店、銀樓，卻寥寥的祇有三兩家，最多的是中西藥店，生意都還不錯。這小鎮的醫院，也有十幾家，而且大都掛了「勞保醫院」的牌子。瑞芳街道雖小，商店不多，全鎮人口不過七、八萬人，中西藥店卻佔很大的比例，而且接骨診療所也不少，這大概與他們的工作環境與氣候有關，記者似乎感覺，這裏患小兒痲痺的後遺症者特別多。

由於瑞芳是一個產煤之區，除少數公教人員，不燒煤炭外，大部份居民都燒生煤，故空氣污染問題，已嚴重到了可怕的危險程度，我想這個問題，是永遠也無法改善的。——礦工有配給煤故也。

瑞芳，雖然是一個偏落的鄉鎮，談不上什麼建設，但有一個例外，在這簡陋的小鎮，卻還擁有兩家銀行——彰化、華南、以及臺灣合作金庫，其他的小鄉鎮，恐怕還沒有這點「潤氣」吧！

瑞芳的教育也還不錯，有國民中學兩所，一在瑞芳、一在九份，另有私立時雨中學（九份），及省立瑞芳工業職業學校各一，學生人數都在三、四千人以上。

市區內有三座新的建築，爲瑞芳生色不少，一爲瑞芳國中的三層弧型校舍；第二爲新近落成的警察分局、第三就要數瑞芳稅捐處了，最委屈的就是郵政局和電信局了，它們兩局共住一間房子，它們的大門，被小攤販，團團包圍住，在每天上午十二時以前，要進出郵、電局的大門，是非常困難的。到了晚上，攤位又櫛比而列，零食攤、零售攤，排得水洩不通，既不雅觀，又不方便，這一點，瑞芳的有關當局，也似乎要拿出一點辦法來改善一下。

瑞芳在當年，黃金盛產，煤炭暢銷時期，鄰近的九份，有「小京都」或「小香港」之稱，瑞芳也是繁華已極，酒館、茶樓，到處林立，眞是城開不夜，樽酒不空；燕瘦環肥，鶯飛燕舞，極一時之盛，眞不知顚倒瘋迷了多少浪子，但今天的瑞芳，眞可說是「勝地不常，盛筵難再」，今非昔比了！不僅看不到像樣的酒家，連普通的茶室，也大都關門了，剩下的一門半戶，寥寥的幾個過了氣的茶娘，每當夕陽斜照，華燈初上時，粉臉紅嘴，倚門呆望，在那一盞盞蓋滿灰塵的綠燈之下，那份無精打采的神態，在那淡淡的光色中，更烘托出，一種「人老珠黃，晚景堪憐」的淒涼。

不過，三十年河東，三十年河西，年來，因爲國外油價上升，有關當局爲謀節省外滙，對國內的「熱能」開發，要作有計劃的輔導，增加生產，此一計劃，果能實施，對瑞芳這煤山，以及生活在這煤山裏的人民，將是一個天大的喜訊，往昔的繁華，終將又要在瑞芳重現了。

溪頭之旅

八月四日至六日，因參加中國童子軍臺北縣團務觀摩會，作了一次溪頭和日月潭之旅，套句本地話說：此行卡為爽快！

這兩個風景區，雖皆以山嶽形勝的景觀，作為遊覽觀賞的條件；但前者以蒼翠的竹木取勝；後者卻是以湛藍的湖水而享名。

四日的早上，在臺北火車站集合，坐的是「江南汽車公司」的遊覽車，筆者幼年讀書在南京，每天從燕子磯經和平門至新街口，搭的就是江南公共汽車，車隔三十多年了，又能在臺灣坐上「江南汽車公司」的車去遊覽，心頭浮現兩種感情，一為親切，一為愴涼。

從臺北出發，走的是高速公路，一路上都是蒼綠的山林田野；不像坐火車經桃園、新竹一帶，盡山童山禿禿，看來煩人。十一時抵八卦山，每人領了一個飯盒，作為午餐，因時間短促，在山下佇足仰望了那坐佛像一下，就有人喊著上車了！向窗外眺望八卦山這個小市鎮，風景實在太美了，每一棟房舍，好像都有一棵濃綠青翠的大樹覆蓋著，而鳳凰木正在開著紅花，而一些房舍，大都油漆成各種顏色，陽光、綠樹、紅瓦、黃牆，益增這小鎮嫵媚與艷麗。

車子不停地在鄉村奔馳，我們剛走出一叢碧綠，又走進一叢碧綠；向遠看盡是蒼綠的山林，向近看全是青翠田野；碧綠和青翠，是鄉村特有的標記。

我忘了幾點鐘，進入溪頭山區，祇聽見司機在喊：請各位把窗門打開，原來他早已把冷氣關了，打開窗。我才知道：這裏已經不能用「涼爽」二字，來代表氣候，而應該說是「很冷」了！因爲外面正灑著毛毛細雨，穿在身上的那件香港衫，平常總怕它不吸汗，綳在身上是一種負擔，這時卻開始嫌它過於單薄的了！

入山後，首先接觸到的，就是漫山遍野的竹子，它們是那樣不疏不密，那樣挺直？那樣青翠？滿山滿谷的叢生著；我沒有去過北方，高粱桿被比作「青紗帳」，不知是什麼樣子？但溪頭的竹林，說它是「青紗帳」，實在是太恰當不過了；如果以庸俗一點的物象來形容，它好像紡織廠中豎起的綿紗，要不更像街坊上，製麵工廠、懸掛的麵條和粉絲；細細長長的就是那個樣子，就是沒有竹林裏，那種林林總總青青蔥蔥的色澤而已。據一位苗圃的人說：竹子的種類，全世界約一、二〇〇餘種，而其中大多數，都生長在我國的大陸及東南亞，而本省也有五十多種，散生於各地。

溪頭現在有竹類標本園，佔地二·一二公頃，分爲四大區，六十多個小區，遊客們沿途看到的，多爲孟宗竹、麻竹和桂竹三種，其他如蘇枋竹、印度實竹、唐竹、巨竹，這些珍貴的竹子，就要到標本園去看了。

孟宗竹溪頭最多，因爲它生長最快，用途最廣，十一月至二月生長竹筍，可供食用，我們叫它爲冬筍；但二月以後萌芽抽筍，就算春筍了，因味道鮮美，國人喜用它，炒食或作湯，晒成筍乾，更可長久保留，以供不時食用。

竹子象徵高雅、正直、清廉、雋秀的氣質，所以國人特別喜愛它，尤其一般畫家，更愛畫竹。溪頭的竹子雖多，但還是以樹爲主。

臺灣衫，林地廣濶，林相尤爲優美，挺挺直直，株株棵棵，大大小小，錯落地生長著，樹高葉茂，立地頂天，疏落有緻，儘管枝葉扶疏，陽光還是從樹梢，或朝暉斜陽時，正射、斜射，貫滿了一林子，樹梢在藍天下搖曳，風在林間流唱，它不僅美麗，而且壯觀，滿山滿谷，中無雜樹，你走在林間的小水泥路上，深覺空氣清鮮，幽美舒暢；尤其我們去的那天，正是傾盆大雨過後，竹林、樹葉、野花、雜草，尤爲清新、鮮綠，置身其間，如果用「心曠神怡」我覺得實在太俗了！雖然，我們都沒有去過神仙居住的地方，總之，這林間的這分「韻味」實在「神」和「仙」得很呢!?至少，我們當時已經忘了，森林之外的世界，那些紛擾！

柳杉林，也是最美的，它也有如孟宗竹一樣，清新亭直樹大葉稀，它的另一個名字，說是叫做「孔雀松」，可以想見它長相優美，令人喜愛的程度。據說：這塊林地，早已超過了砍伐利用的時期，爲什麼不加以砍伐利用呢？就是因爲它林相優美的原故，特意把它保留下來，作爲「標本林」不僅供作遊人觀賞，而且作爲林業人員的研究。

從鳳凰廳到神木，有二千多公尺，我走到柳杉林，距神木還有一千多公尺，王雪松兄因爲噸位太高，我爲了「保腰運動」（去年被機車撞了），就坐在一棵大樹下休息，雪松兄說：每一棵樹的年齡，比他還大了好幾歲，不勝感慨；我也想到，一位林業工作人員，培植一棵樹的辛勞，「前人種樹，後人遮蔭」，這就是他們值得安慰和感到驕傲的地方。

林區內，還有許多塊森林，用水泥柱加鐵絲圍繞著，有的密密麻麻，層層疊疊，樹密草多，雖然在大白天，但你伸頭向裏面探望，黑黝黝的，一線日光也沒有，這種「黑森林」，大多數的遊客，祇駐足而觀，因爲它不僅不美麗，而且予人以「怕」的感受，因爲樹林裏，實在太黑了！

許多遊客，在飽覽了山色秀麗之餘，總喜歡看看山中的湖水，所以大學池，乃是一個最能吸引人的地方；去大學池，原來要循去神木的那條路，繞回來，現在大學池，新建了一座吊橋，橫跨在一條大石崢嶸，浪花飛奔的山澗上，吊橋搖搖晃晃，一些年輕的小姐，扶行其上，故作驚呼、嘻笑，益增山間的樂趣。

大學池的湖水湛藍，湖面不大，但空地很寬，因此有許多人在此作遊戲；這裏有小亭、有拱橋、荷花，在這裏照相、野餐的人也多；當然拱橋邊、小亭內，愁眉深鎖，沉思不語，凝神觀望的人，也有；大學池是一個山中的小湖，早晚爲雲霧所籠罩，就因爲如此，更充滿了神秘、幽靜，益發使人有一分迷離的感受。

遊樂園內，還飼養了許多動物，有孔雀、袋鼠、長臂猴等，但我祇去過鹿苑，苑圍不大，幾隻鹿都呆呆地站著，苑內野草已吃光了，也許餵養得不佳，大都瘦瘦的，我採了一束青草，從鐵絲網的小孔去餵它們，那種狼吝虎嚥的樣子，看來可憐，把動物園起來豢養，就要好好管理，否則反而變成虐待了！

溪頭也像阿里山一樣，有一株「神木」，它有二千八百多年的生長歷史，到現在還迎風招展，一點也沒有老態龍鍾的樣子，樹高四十六公尺，周圍十六公尺以上，兩千八百多年過去了，這世界經歷過多少苦難與創傷，這山野也必定歷經過許多變化，而它能歷經苦難、幸運地存在到今天，仍然神采飛揚，迎著風雨，迎著陽光活著，也就難怪遊客們的贊嘆歌頌和膜拜了！

至於日月潭的風景，說來就略嫌單調一點了。也許是下雨的關係，我們坐著車，環湖轉了一圈，就住進了旅社，玄奘寺、慈恩塔、光華島等名勝，祇好在旅社的陽台上，隔湖遠眺，湖上烟雨濛濛，遠山又爲嵐霧籠罩，小艇像雙雙對對的拖鞋一樣，停靠在湖邊，冒雨划船的遊客很少。日月潭風景最好的地方還是文武廟，我們去的時候下雨，回來的時候，卻雨過天青了，大家都不願放過進廟瞻仰的機會。在大廟前下了車，拾級而上，就有兩隻碩大無比的石獅，滿身都是紅色，它的彫塑型態與一般獅子，別具一種風格，看來特別威武、新穎，擺脫了傳統的型態，這是一種大膽的創作。

文武廟依山而建，直腳三連棟，廟貌莊嚴宏偉，從大門拾級而至後殿，近二百餘級，油漆艷麗，彫刻精細，不僅彫樑畫棟，連天花板也都浮彫了無數的小佛像，仰頭而觀，使人眼花撩亂，眞是集富麗堂皇、莊嚴雄偉之大成，爲中國北朝宮殿廟宇之形式，構築壯麗宏偉，氣勢變化萬千，筆者在臺灣看過的廟宇很多，文武廟實乃其中之最具代表性者，這是此行中一大收穫。

（六十七年八月八日於板橋）

中央副刊一九七八年（六七）八月廿一日

後記：這篇文章初稿寫在溪頭賓館，稿未完篇就匆忙啓程返臺北，把原稿遺留在賓館的抽屜內；巧的是我住的這號房間，新住進去的乃我的老友龐景隆將軍，他的兒子在臺大讀書，要前往溪頭林區，作松鼠防治實驗研究，特招待他們夫婦旅遊；看了稿上名字，回到桃園就打電話到中央日報……廿多年不見又連繫上了，他已由中校科長，升爲少將主任了，以後還曾爲我寫過一篇：「讀賀著『相思林、秋聲賦』憶往」的文章，在桃園文獻發表，附誌。

我又來到宜蘭

踩著斜風細雨，我又來到了宜蘭。

由於宜蘭，我住的時間，比我住在家鄉，江西蓮花更久，所以一來到宜蘭，就好像回到了，我的老家一樣。

宜蘭，是一個風常來，雨常來的地方，我那天到達宜蘭時，正好又是一個斜風細雨的天氣，雖然有些不方便，但因離開了許多年，這裏的一草一木，仍然是那樣熟稔，一景一物，在我看來依然和過去一樣的親切。

從車站出來，就是新拓寬的和睦路，乾淨又平坦，它連接光復路，又是火車站前，它留給新來此地的人，一個良好的印象。由於想趕緊去員山，順便坐上一部計程車，那位年青司機，把車子發動了又停下來，繞到車子的旁邊，把頭向車內探視，隨即恭恭敬敬地向我鞠躬。

「老師，我是張金昇。」

「啊！張金昇。」我拍著他堅實的肩膀，「你這小數點變成大人啦！」

張金昇是我離開宜蘭到臺北時，最後帶的那一班的學生，他的個子最小，坐在前排第三個位置上，因爲正好對著講臺，所以每天一進門，第一眼就是看見他，他不但身材小，而且又滿臉稚氣，雖然讀了中學，還是一付孩子模樣，在班上他惹不起人家，但別的同學，總喜歡尋點子，逗他玩樂，使他生氣，大家就似乎覺得很痛快一樣，因此，他每天不是橡皮擦去了，就是原子筆或是簿子不見了弄得教室內，熱鬧非常。

有一次同學開他玩笑，結果把他擠到水溝中去了，衣服濕透不算，額角還碰了一個大包，的確把我氣炸了，賭氣不做他們的導師了，想起他們如此頑皮，氣也覺了一夜，準備等明天，好好把他們修理一頓；但等我第二天，一腳剛跑進校門，他們七八個就圍籠來了，拉我的手，牽我的衣，幫我拿皮包，七嘴八舌地，就好像沒有發生任何事情一樣：

「來，老師，教我們跳木馬，翻鐵槓……天眞、純潔、自然、坦率，歡笑堆滿了每個小臉，他們惹我生了一夜的氣，但他們一個個把昨天的事部全忘記了，看了這種情形，心頭一軟，算了。看他們那付赤子之心，那裏是存心跟我搗蛋呢!?我又何必計較呢？事實，他們又有什麼，可以記怨呢!?木然的身軀，也不自覺地被他們，推向木馬，鐵槓畔邊來了。

「老師，老師，快幫我抱下來啦！」

抬頭一看，可不是!?張金昇這小數點，又被他們個子大的同學，幫他吊懸在高高的鐵槓上，下不來了。

「這次，我決不幫他放下來了！」我把其他的同學排開，在沙坑的兩邊，命令他：

「抓緊！」

「拼腿！」

「擺浪！」

「向前——往下跳！」

張金昇小臉頰紅紅的，前後傾仰了兩下，站定在沙坑中了。

「張金昇成功了！」我說。

「張金昇成功了！」同學們跟著大叫。

四週的同學也高喊起來，好不熱鬧。

這個跳起來還抓不到鐵槓，而又喜歡吊鐵槓的孩子，現在居然身材魁梧氣宇軒昂地，站在我的眼前。

他緊緊地拉著我的手，我也緊緊地握住他，他高興得兩手顫抖，我的兩眼也模糊起來了。

七八年前的小數點，如今是這樣結結實實的大漢子了。

「老師，我聽您說過，您是高射砲兵退伍的！」張金昇說：「高射砲兵眞好！我的一切，都是高射砲兵部隊給我的。」

「你當過兵了！」

「剛從高射砲兵退伍的！」

「老師，您看我這付體格，是在高射砲兵部隊，鍛鍊出來的，單槓、雙槓、木馬、射擊，我樣樣部精啦！」他兩隻粗壯的手臂，握在計程車的方向盤上，我深深覺得，那方向盤，實在太細太小了，不成比例。

「老師，我高中畢業了，沒有花一文錢，繳學費。」

「這是怎樣畢業的！」我笑著。

「嗯，部隊裏面有隨營補習教育啦！」他說：「我一入伍，就報名參加了，退伍前參加了畢業考試，僥倖及格了，高中畢業證書，上個月也由國防部轉發下來了。」

「老師，我眞感謝政府的培植，連我這開車的技術，也是在部隊學會的，而且，我還學會了修理。他說：「我實在不該退伍的，老師來了更好，沒有來我還準備到臺北去，找老師商量呢？」

「商量什麼？」我問他：「你現在什麼都如意了，身體強壯，車子會開，而且，又會自己修理，同時高中又畢了業……。」我沉思一會，放聲笑了起來，面對著他：「金昇，有對象啦！是不是老師也認識。」

「不！不！」張金昇趕緊打斷我的話，他說：

「不是結婚。但比結婚更重要。」

「啊！那我倒要仔細聽一聽看！」

張金昇把車子的速度減低了，看看前面，又側過頭來，說：「老師，我說出來了之後，您要幫我拿個主意啦！」

「這個自然啦！」我盯住他：「好事壞事，我都會爲你說清楚的」。

——「我想把車子賣掉！」

「這是爲什麼？」我驚訝地：「另有更好的職業？」

「不找職業了，是要去讀書。」

我正想沉下心來思索，他趕緊又接下去了，他說：

「我決定去讀官校。」他吸進一口氣，好像在解釋一樣，我實在太喜歡軍隊生活，那種規律中有藝術，嚴肅中有輕鬆的生活。」他又補充似的：「我去參觀過陸軍官校，那裏的設備，眞完備。」

「啊！這太好了！老實說今天的官校生，才是眞正的允文允武的通材呢！」

「那您贊成囉！」他高興得像抽了頭彩似的。

「當然啦！」我說：「我不但贊成，而且覺得你能有這種想法和做法，乃是一種光榮與驕傲呢？簡直令人敬佩。」

他滿意快樂地笑了，是那樣的充實和堅定。這時，毛毛細雨也已停了，大地更呈現一片清新。

青年日報副刊一九八〇年（六九）三月十八日

知足常樂

黃昏，老王同他的老伴在散步，老伴嘴裏，咀著一塊五毛錢買來的檳榔仔，一前一後，走在平平坦坦的馬路上；秋風雖然瑟瑟，身上有點寒意，但夕陽餘暉，映紅了西天，遠山迷濛，近山含笑，尤其家家炊煙嬝娜，燈火閃爍，景色實在是美好的；老王一邊走，一邊輕輕的哼著小調，他想這生活倒也蠻愜意的了！

路上來來往往的行人，儘是衣著華麗的朋友，他猛然地想起：「今年妳也該添一件像樣的衫子了！」妻報以深情的一笑，老王有一種飄飄然的感受。

他敏銳地摸摸口袋，然後面色赧然地，拉拉老伴：「你看！路旁的闊葉樹，迎風招搖，婆娑生姿，生動極了，這股子逼人的美，多自然，我實在欣賞與喜歡……老伴沒有回答。這時一片枯黃的大葉子，「沙」的一聲，飄落在他倆腳前，斜過臉去，老伴仍然報他以微笑。但老王這次的感受，不是飄然。他趕緊把剛才才塞進去的檳榔仔吐出來，他覺得那檳榔的滋味有點苦澀澀的。

穿過了一座小橋，又步進了大街，又是一片霓虹燈的閃耀，媚人；播音機的噪音，喧囂；車輛接踵如流，男男女女，人磨人肩，在每一個空隙的地方，相互擁擠，熱鬧倒是熱鬧，但老王祇覺得有點兒喘不過氣來。

他拉著老伴，穿過一條馬路，他看見每一個逛街的人，都表現出一種貪婪的眼色，她們對那些高貴的冬衣，和最新流行的長裙，輕輕的按弄又撫摸；在每一間皮鞋店注足凝視；在珠寶店的門口，不敢進去，但又指指點點有一種慕羨之情；那些專門爲別人化粧的小姐，更是輕聲細語地，手抱著各色化粧品，對每一個路過的女人，散布著誘惑。

說眞的，太多的人，都是欣賞珠寶店裏的翠玉和珍珠，而老王卻常常硬拖著老伴欣賞他和她的寶貝兒子從山上和海邊，揀來的那些顆粒粗劣，而形狀奇特的貝殼和怪石，他還常常對這些貝殼和怪石，發出一種天眞的奇想，他說：「假如，有一天，金錢對這個世界，失去了控制的效用，他不就是這世界上，最富有的人了！所以他不喜歡他的老伴，戴什麼玉鐲和金耳環什麼的。冷冰冰的一串鐵鍊銅環，掛在脖子上多難受？」他說。

「我很滿足」！這是老王天天掛在嘴邊的話，他說：「我跟我老伴結婚，祇有一個菜鍋，幾隻碗筷，和一張床」………「現在我有四五隻桌子，八九張床了！房子雖然小些，這樣卻顯得我們的生活更充實；早上，我同老伴，送他們大大小小出門；晚上我們等著他們回來，一面吃飯，一面聽他們各人敘述，他們一天活動的情形，一個個口沫橫飛，神采激揚，描述他們一天的活動精采極了，我也實在快樂極了！他說：「我不知道幸福的最高境界，是如何？就這樣，我已很滿足！」

新文藝副刊一九七五年（六四）三月五日

賭博之害

老孟到我們這個公司來，還是去年七月份的事情，算起來一年也不到，他雖然沒有顯赫的學歷和經歷，但他會交際，更善於攀附，他打從進公司的那一天起，就如一顆慧星，光芒四射，引人注目；他職務雖小，但經常出入我們「老闆」的公館，如同自己的宿舍一樣；他對我們「老闆」逢迎備至；聽他叫老太爺的聲音，比起我們「張老闆」來，更是親熱百倍，老太爺年已七十有餘，雖然被人逢迎慣了，但老孟的親切呼喊，卻能使這位年逾古稀的老人，心花怒放，覺得自己的兒子，還不如這立公司職員「孝順呢！」

老孟見老太爺走出臥室，即趕緊迎上去，扶上靠椅，老太爺的屁股，還沒坐定，那隻四時保溫，外殼包著K金的茶杯，就恭恭敬敬，端在老太爺的手上，只要老太爺，喉嚨裏嘰哩咕嚕響一下，那白色洋瓷痰盂，就從茶几下，拖了出來，放在老太爺的腳邊。然後，一口黃而帶綠的濃痰，「噠」的一聲，吐進了那瓷盂內。

「老太爺！有點感冒嗎？」老孟十分關切的問，這天氣變來變去，他說：「老太爺要多穿點衣服呀！」

「嗯！嗯！這裏的氣候，眞不好！」張老太爺漫聲的應著。喉嚨裏又嘰哩咕嚕響起來了。他帶著咳嗽，聲音沙啞的說：

「孟英哪！你到公司裏來，有半年多了吧？」他說：「張××長對你怎樣——還好吧！」一種關注之情，溢於言表。

「很好！很好！」老孟趕緊接上去，他說：「還望老太爺多多照拂。」他換了一口氣，又接下去：「我在臺灣一個親人也沒有，今天能有機會在公餘閒暇，來陪陪老太爺，說實在的，我心裏感到非常快樂。」他又難爲情似的，把聲音放低了一點，詞情懇切地說：「老太爺如果不嫌棄的話，我會侍奉您老人家，像自己的親長一樣……」老孟的兩隻手，不斷地在一條手帕上擦拭，這意味著說這句話時，內心也蠻吃力的。

「說那裏話？我也是怪無聊的，有一個人聊聊，可以打發寂寞……。」

老孟開心極了！於是跑張公館的次數更勤了！

常來張公館走動的人，慢慢地也認識了老孟；何況老孟這個人，八面玲瓏，又善於交際!?憑著張老太爺瞧得起，就跟每一位客人，都熟稔起來了。

這社會就是這末微妙，一個人人事關係有了，到處就兜得開了！老孟在我們公司裏，聲譽、地位、分量，就在這種微妙的關係中，不斷地擴大、膨脹、輝耀起來。

——臨時雇員、辦事員、股長、主任……一爬再爬，使許多在公司裏，辛勞了半生的人，既羨慕又妒嫉。

……社會是微妙的，人更是微妙得不可捉摸的東西。

——不是涵養功深、磨鍊有素，受過折磨和艱苦的人，他是無法走出世俗的圈套的；正如老孟一樣，夤緣攀附，平步青雲，有了今天這樣的成就，他就趾高氣揚，志得意滿，生活難免脫離現實，忘記了過去的艱辛。

世俗使他浮昇，世俗使他沉落；他爲了往高處爬，他需要迎逢，需要應酬，於是，生活便像斷了線的紙鳶，在虛空中，浮飄、浮飄，搖擺、搖擺，終於又迷失了方向，迷失了自己——：

他泡歌廳，上酒樓、玩女人、賭博……

一切新的花樣、時髦的東西，他不僅都喜愛，而且可以說，他已沉迷得不可自拔了！就在一次名爲「應酬」的大賭博之中，不僅把歷年的積蓄，輸得個精光，而且把大批的公款，也偷挪了出去，爲了翻本，不惜孤注一擲，但昊天不憫，終未能挽回敗局，他，輸定了！

這時又碰上了舊曆年關，於是電視、冰箱、唱機、摩托車等，一切現代化的設備，都從老孟的客廳、廚房、臥室裏，抬了出來，害得老孟的太太，哭得暈頭轉向，死去活來，孩子們在地上打滾，小的緊抱著電視不放，大的哭小的叫，嚷成一團。結果鄰居們也蝟集攏來了。

原以爲老孟要搬家了，仔細一打聽，才知道是老孟賭垮了！

「……」

於是，大家都搖著頭走了！

臺灣新生報副刊（五九）三月廿五日

後記：本文在新生報新生副刊發表題目爲：「老孟」。

送報記

放假了，閒著的時間太多，實在可惜，就和住在附近的幾個學生決定，我們一塊去推銷報紙和分送報紙。

我的意思是：第一要他們學習善加利用時間和建立依賴自己工作與生活的觀念。第二、養成勤勞克苦的習慣，及從小地方著手，去服務社會人群。尤其推銷報紙和送報，更須具備高度修養與能耐，去應付各種各樣的訂戶，所表現的各種態度；所以我覺得這種工作，對一個學生來說，確實有很多好處。

計劃決定了，說做就做，我把我們住的這個大社區，劃分爲四條路線，分頭進行；出發前除了告訴他們，我們推銷報紙的原則與目的外，並特別強調，我們對訂戶的態度與禮貌。

現在的公寓房子，大都是四層以上，第一層通常都是店舖，由於方便都推銷光了，——每家都訂有報紙，所以，我們的目標，就祇好定在二三四樓以上的住戶；人家懶得爬樓梯，我們可以多出一點氣力。

書報，既被公認爲精神食糧，大家需要，現在既有人服務到家，那有不受歡迎的。我們滿懷信心。

衝著這點理由，我走進了老馬的糕餅店，老板娘告訴我，她店裏訂了一份報紙，但是，她說：「我們是好鄰居，今天我把×××報停了，明兒個就訂你的！」我當時祇覺得這實在太感人了！但當我沉下心來一想，立刻覺得這樣做不對。我們推銷報紙是兼差，玩票性質；別人也許是全憑推銷送報，來養家活口，停了人家的報，不正是跟搶人的飯碗一樣！

——不成！我惋謝了老板娘這番好意。還是按照我們原來的決定去做——

走進了一間公寓的二樓又爬上三樓，門都緊扣著，再繼續走上四樓，我輕輕按了一下門：

「太太！要訂一份報紙看看嘛？」

「好的，但有一個條件。」她說：「你必須每天爲我送上四樓。」

我沒有等她說完，就滿口答應了！因爲！這原是我早先就想到的，而且正要決心去實現它！

把她的門牌號碼和姓名寫好，我說：

「謝謝，明天一清早，就跟妳送上來！」

心裏正暗自稱揚自己，看法倒是蠻準的呢!?腳步也輕快起來了！

於是，又匆匆地走進了另一棟公寓的第二樓，第三樓、第四樓……但結果發現，我的想法，有點落空了！

——一個上午，祇推銷到兩三份報，這實在不夠理想。

我檢討一下，大概是時間的關係，因爲上午十點到十一點，先生們上班，太太們必須上菜市場，所以大部份的門都鎖了！

祇好等到下午三點直到六點，這個時間再去。並且四個人相互換了一條巷道。

下午這一段時間，按理說！是太太們一天中最寶貴的時刻；但我們卻又發現，有許多人，不是北窗高臥，就是圍坐聊天，尤其，八仙桌一擺，紅中、白板，在那裏唏哩嘩啦，輪番雀戰不休……

當你問他們，要不要訂份報紙看看!?

回答的，都不外乎下面的範圍：

「不用了！」

「先生（太太）不在家！」

「一天忙不完，那有時間看報紙！」

他們說話也許無心，但我卻爲他們的話，而心悸不已。

——他們坐著「聊天」！打衛生「麻將」！卻說：抽不出一點時間，看看報紙！

當然，更不是爲了「金錢」的理由：我所看到過的，每一家住戶的客廳，人都布置得富麗堂皇，天花板下，懸掛著各式各樣的吊燈，擺著高級沙發，有的還鋪了毯，看來好不舒暢，尤其最普遍的，是每一個大小家庭，幾乎都有一座高大的酒櫃；冰箱、電視，在很多家庭中，都是兩臺以上，要說這種人家，訂不起一份報紙，那有人肯信!?

有一位讀國中的小朋友說得好：爸爸少抽一包煙、媽媽少燙一次髮，不就可以訂份報看了!?這道理太簡單，毋容詮釋。

因此，我們覺得臺灣的物質享受，實在近於奢侈；而精神生活卻有待培養與疏導。許多家庭在高貴的客廳中，貼上一些電影或商業性的海報，卻吝嗇以少許的金錢，去買幾幅書、畫藝術品來懸掛，以陶鑄一家人的高雅生活，進而變化氣質。

我推銷了幾天報紙，也結交了一些「新同業」，他們告訴我一些更有趣的故事：說是有些人，爲了排場，居然跑到中山北路或中華路，那些舊貨攤上，把一些精緻的空瓶買回來，再在裏面裝進一些染了色的清水當作名酒在陳列，以充富貴豪華的氣派，聽來實在好笑極了！

因此，我心裏就這樣想！與其在酒櫃中，擺著假酒裝闊，倒不如把酒櫃當作書櫃，把自己喜愛的書籍，或孩子們的作業簿，或一些在學校裏所作的手工藝品擺進去，也許比放假酒，來得體面、典雅、高尚，而且更心安理得一些。

因此，我站在推銷送報者的立場來說：與其圍坐聊天說短道長，或打衛生麻將，倒不如訂份報紙，在公餘飯後，坐下來看看，實在有益得多了！

更因此，願明天，我們這些推銷報紙的同學，經過你們的巷子時，能不斷的聽到：「嗨！給我訂份××報！」這句話，在街坊、巷口、窗前、陽台，此起彼落從四面傳來。

那麼，我們這些「報童」就樂了！

但是，看報的人更有福了！

（六十五、八、九颱風夜於蓮花廳）

青年戰士報·新文藝副刊

送報老師

一個月前記不起那一天，窗外檐雨滴溜，由於雨棚是新搭起來的，雨打在那薄薄的塑膠板上，聲音特別清脆和響亮；好久沒有聽到過檐雨滴答的聲音，乍聽起來，也甚悅耳，我本來有早起出門散步的習慣，但天既下雨，就祇好拉開窗帘，斜靠床頭，聽起雨聲來。

叫小孩到樓下拿報紙，說是沒有；下雨天、不能出門，又沒有報看，心頭更覺得癢癢的，祇好自己爬起來看個究竟；果然，信箱是空空的；回到四樓，猛一抬頭，報紙卻平平整整地，插在鐵門的上方；原來，今天送報的先生，特意爲我送上四樓來了。

打從這一天起，以後報紙都是插在鐵門的上邊，而且比前早了很多，我問小孩，報紙是什麼人送來的，說是：一個戴眼鏡的人和幾個學生送來的。

報紙來得這麼早，而且他們的腳步和動作，又是這麼輕便，好像刻意在不願驚動睡著的人；無論報紙的折疊與放置的方式，都與從前不同；這樣細心謹愼的送報人，的確還很少有呢？

今天，尤其，更使人感動：清晨，六點鐘不到，門鈴卻「的答」的，輕輕地響了一下，我順手拿起對講機「對不起，你們的大門鎖住了！報紙放在信箱裏，麻煩您……謝謝」。

我想說聲：「謝謝」他卻搶著先說了。

趕緊走出陽臺，看到他手上拿了一疊報紙，又鑽進另一棟公寓的大門裏去了！是的，正是我小孩說的：「是一個戴眼鏡的！」

我走下樓去，從信箱中取出報紙，還沒有打開，那股油墨特有的芳香，就從報紙上散放出來，頓時，在我的心裏，對這位送報人，以及那些終年辛勞的編者和記者先生們，激發出一種感激與仰慕之情。

晚上，鄰居張太太來到我家裏，談起那個「戴眼鏡的送報人。」才知道：他正是省立××高中的老師。

——爲了七、八個家境清寒的同學，在暑假期中，賺點學費，自己帶領他們推銷報紙，又親自每天清早領著他們分送報紙。

張太太說：「你有沒有發現？」她說：「這兩個月來，人家都爲您親自送到樓上來了。」

我點點頭：「眞是服務到家了！」他是一個負責盡職的人！

青年戰士報副刊一九七六年（六五）八月七日

初執教鞭時

「……一切屬於絢爛的，或晦暗的生活，已然成爲過去了……」

現在，正嘗試一樁新的工作——代課教員。（因一位朋友的太太病了）

原以爲教書，與我曾經擔任新聞採訪與編寫的工作，在性質上應該是同一類型的，至少是非常的接近；但當我從走進教室的一刻起，我發現二者之間，除了桌上也放了一隻紅筆之外，完全不相類似，有如兩個星球的距離一樣，那麼無法估計，無法論比。

那天是一個雨後天青的早晨，門前的石子路，被雨水沖洗得特別明亮，一群群的小孩子背著書包，從我朋友的門口走過，平日我是很少注意的，今天我看他們帶著歡笑，滿身稚氣的身子，就顯得特別親切與關注似的，我心裏在想：等一會他她們，就將成爲我的學生了；一種愛護之心，油然而生。

七時半，陳老師很熱心地來接我，並領我去謁見校長陳先生，並蒙簡要的介紹了學校一般情況後，就走進了我——幫忙上課的那一間教室。

小朋友一聲「立正」，一個個站得端正筆直，精神飽滿；陳老師在向小朋友介紹，我沒有聽到她說些什麼，只聽到我的心卜通卜通在跳。

我的確也覺得奇怪，我曾經在槍林彈雨中穿梭，冒著慘烈的砲火採訪過戰地新聞，也進出過許多偉大的場面。然而，今天面對這四五十個乳臭未乾的小孩，竟如此心驚膽落，好不怯場，這實在是我始料未及的。

陳老師走了，一百多隻眼睛，都集中在我身上，那麼恬靜，那麼明亮，有如一顆顆明亮的星星，在向我投射，向我閃耀，充溢著喜悅：是懇切的期望，有熱烈的愛和無比的尊敬……。

我把一張張的小臉巡視了一遍，才把卜通的心鎮定下，站在黑板的前面：

「小朋友，你們喜歡同我一起玩嗎？」我不安的說。

「喜歡」。這回答，幾乎是同時喊出來的，語聲是那樣潤圓，那麼甜，那樣可愛。

「好，老師也喜歡你們」我說：「現在老師就領你們讀書，好不好？」雖然，我知道我的話是欠妥的，或者說是詞不達意的；事實我的確找不到比較適當的話，或應當要說些什麼話才好。

「好！」他們的聲音又是一致的。

站在講臺前，我還沒有把書翻開，坐在最後一排，有幾個小朋友在叫嚷了。

「老師，還是寫字好，我喜歡寫字。」……

「老師，我不要寫字。唱遊；到操場上去唱遊。」另一個聲音又喊起來了。

我走過去，摸摸他的頭頂。我看看他的名牌。

「你叫黃水龍？」他點點頭。「要聽老師的話，現在我們讀書。」我一面把他歪放的書，擺在他面前；並指點他二十二課。（陳老師交代的）

「我們現在讀書，等一會老師教你寫字。」我從教室的後面走到前面，然後又說：「你們說：好不好？」

「好」。聲音很洪亮，只有黃水龍斜著身子，顯出無可奈何的表情。琅琅之聲，騰出室外，我正陶醉在悅耳的童聲之中。

……………………

「老師，我不跟林連生坐。」他把書甩在一邊，嘟著一張嘴，滿臉的不高興。兩隻小手交叉著放在桌子上。

「老師不喜歡你說這樣的話！」我把他的小手撇下去放在他的膝蓋上，我說：「坐好！老師不准你再講這樣的話。」

「林連生以前是坐在後面。老師，是林連生天天亂坐。」一個叫陳麗貞的小丫頭，也在一邊插嘴。

范來濱和林連生的糾紛，尚未解決；那邊的廖素卿和邱秀鳳也嚷嚷不休的，在提同樣的要求。

把座次表看了一遍，我發現位子的確很零亂，有很多個子高的，坐在前面，一些身材矮和年齡小的，倒擺在後面，站在生理衛生的觀點，也許有點不合之處，同時男生同

女生坐一張桌子，在直覺的看法，我似乎也認爲是不好的。（事後，我才知道每個學校，都是這樣規定排）

爲了解決問題，於是我立刻叫他們離開坐位，男女生分開，以高矮次序，排成兩列橫隊，並要他們報數，然後依次從後面排到前面，按順序及高矮決定他們的座位；我滿以爲這下子可以安靜地講課了，誰知道他們凳子還沒有坐下，叫嚷得比以前更厲害呢？

張秋香說陳麗貞，上次把她的心愛的蠶寶寶，弄死了兩條，害得另外的兩條，也鬱鬱不樂而死去，她說；「她恨她！也不要同她坐在一起。」

張阿牛說莊燦堂，老借他的鉛筆不還；莊燦堂也振振有詞，說張阿牛有一次把他的茶杯打破了……。

瓜葛難分，鬧哄一堂……

在這樣的情形之下，我只有兩條路：第一堅持新的坐次；第二只好順從孩子們的願望，讓他們各求其是。

「…………」

「拍！拍！」。

我經過一番考慮後，把鞭子在黑板上敲了幾下，一雙雙光亮的小眼睛，都向我注視，繃起小臉孔，耳朵豎得高高的……當然，他們知道，老師一定要「發表」重要的「宣言」了。

「不准！」。我也板著嚴肅的臉孔。「老師不准你們這樣嚷。」

「唔……」坐在前面的女生在撒嬌；後面的男生，更是高聲大叫，……

有的，甚至在哭。

我的確有點感到處境的艱難。

……當一個老師，不能逗著孩子們笑，反而把他們弄哭了，這如何說得過去；於是，我不得不提高喉嚨，大喊：

「不要吵，現在好好讀書，下課後老師替你們重新編排，好不好？」

「好！」聲音從教室內四面八方響了起來。

他們很快的把眼淚擦乾了，天眞的笑容，又很自然的掛在小臉上。

我舒了一口氣，面對著這一個個淘氣的小精靈，心裏有說不出的「恨」，更有說不出的「愛」。

八、九歲的小孩，在這麼一個狹小的天地裏，一個座位，竟能引出如許的愛憎和恩怨，推及廣大的社會，當然更不可以道理計了！別以爲孩子們年紀小，老師對任何事情，都可以左右，其實不然。事情的大小，固無論清潔掃除，甚至擦拭一次黑板，都有一定的常規，在他們稚淺的心靈裏，他們也知道，對於那些事情，應當怎樣做，才算合理與公平。只要看看他們小臉上，顯露的表情，就可以知道他們心裏的愛憎。小朋友們，也實在太可愛了，他們對人對事，的確沒有任何成見可言，只要順從他們合理的意願，情感就建立了。

兩周過去了。我的確已把全部精力，放在孩子們身上。我們師生之間，相處得的確非常融洽；說實在的，開始頭幾天，那種繁難及不安的感覺，現在不但一點也沒有了；一種不欲離開這群天眞孩子的心情，反而在心底強烈地產生。上課時，他們乖乖地坐在自己的位子上，下課了，就把我層層的圍起來，似乎就深怕我跑了一樣。到下午放學了，我拖著滿身疲乏，回到我住的地方，他們還三三兩兩，拉著手兒，徘徊在我居室內外，每當夕陽已經西下，還依依不忍離去。有時，我又不得不分別陪著他們，穿越深深的竹林樹叢，携過小橋，涉過溪流，看著他們的背影，消失在竹籬茅舍之後，才拾著一天晚霞星斗，或雲霧歸來。

× × ×

記得那兩個月的幫忙上課的時間，似乎一幌就過去了，但它使我永遠難以忘記的，就是它迫使我放棄了我原來計畫中的工作，而對教書的生涯，引出了無限的嚮往。從那四十七年秋天起，我就應聘在一間中學教書，時光如流，一瞬之間又七八年了。

（五十五年八月四日，追記於頭城中學）

中國語文・臺灣教育輔導月刊一九六六年（五五）六月號

後記：文中代課的學校是羅東順安國民小學，文中的同學姓名都是眞實的，多少年後來到師範大學進修，張文彬教授跟我說，其中有幾位都是宜蘭、羅東的名人——地方首長或民意代表了。

我看洪通的畫

——我是這樣畫了，我還要繼續這樣畫，別人愛怎樣看，就怎樣看來……畫畫不能太像和太眞，如果畫得太像、太眞，就太沒有意思了，也不是畫了！

自從一九七六年（六十五）三月十三日，洪通這位出身在南鯤鯓的「草地人」，在臺北美新處林肯中心，舉行的畫展以來，臺北社會各階層，都爲之「瘋」動，由於畫展的熱鬧場面，跟以前的無數次畫展，甚至不久前的「中西名畫展」，都比不上他這次畫展的吸引觀衆，怪不得一向平靜的臺北畫壇，要爲之震撼不已；更難怪一般辛勤一生的老畫家們，及一些正盡全力以赴的年青畫家們的感到徬徨與迷惑；因爲他們都是歷數十寒暑，尙難以成「名」，更難以成「家」，卻未料到突然從鄉下跑出來一個「土老頭子」，五十歲開始畫畫，七年不到，卻在旦夕之間，把一百張畫，向牆上一掛，就轟動了臺北，就「功」成「名」就了！當然你又怎能不搖頭、惋嘆和唏呼呢？

因此，洪通這個人和他這些畫，已確實引起臺北畫壇的震驚和莫大的騷亂，乃是一個事實。

有人說：「洪通是一個『偉大的天才』」；也有人說：「洪通返老還童，畫的那些畫，更是稚嫩得可笑，是一個瘋子。」

因此——三月廿一日，我也抽空去看了一次「洪通畫展」。我是一個外行人，我不敢批評和妄加斷語，但是，我可以這樣肯定：「說洪通是瘋子，是有欠恕道的；如果說他是『偉大的天才』」，這又近似誇張和瞎捧。洪通的畫，是一種特異的作品，有它的存在意義和價值，我認爲這是不容爭議的。不過，有人說：洪通是來自一個「封閉」的思想天地和生活環境，這一點我卻不敢苟同，而且，我卻要說成，洪通是從一個『封閉』的環境裏，闖出來的。所以，受「封閉」的不是洪通，而是我們這些身受社會文明的人士，因爲，我們看慣了國畫和西洋畫，那種傳統式和規範式的，格調一致，千篇一律的畫，日子久了，時間長了，就受了那種畫風所「封閉」，畫的人不畫新的，看的人也看不到新的，就這樣成了習慣，習慣成了自然，一旦有了新的，超出傳統的東西出現了，反而不能接受了！國畫的梅蘭菊竹，山水人物，總是那種格局，萬變不離其宗（譜），西洋畫中的油畫，總是用幾種顏料，左塗右抹，堆砌而成，就是這種老套，即使微笑的蒙娜麗莎，笑的更甜，更自然，總也會有看厭的時候！

因此，畢卡索這個廿世紀的大怪人，畫出來的畫，不是缺少鼻子，就是沒有眼睛，有時又把臉孔畫成方的、長的、扁的，或者三角，甚至人還拖著尾巴，這些畫反而被世人當作稀世珍品在看待，更因此，洪通把人頭畫在樹上，畫在花中，畫在魚的肚子裏，這又有何不可呢？

我無意把洪通這「土老頭子」，和畢卡索這樣的大畫家，並列在一起，來相提並論，祇是想用他們兩個人的串連在一塊，藉說明一個趨勢。一般人的心理，受傳統生活習慣，束縛得太久了，總想設法掙脫傳統，突破規範，改變習慣的意願而已，我想洪通的畫之所以受人注意，這大概也是原因之一吧！

洪通的畫的確是隨心之所欲而來的，其筆觸更充滿了童稚般的可愛，其各種圖形的彩色，更是鮮豔奪目，說紅就紅，說綠就綠，毫無掩飾、滲雜、矯揉造作的情態，人頭上停了飛鳥，飛鳥上長了樹枝，坦白自然，躍然紙上，至於他畫的究竟是什麼反而沒有人去問了，反正滿紙熱鬧，看了令人有一種不可思議的感覺，是好笑，也有喜悅。因此，洪通的畫，是值得稱道的，也許就在這裏，因爲他舖紙，他舉筆，是那樣坦白自由，不受傳統的束縛，因他的思想就根本未受到傳統、文化、教育的感染，所以在他的生活思想裏，他以爲人和鳥，鳥和樹，獅虎蟲蛇，都是一體，當然，我們不應該又把一些「天人合一哪，物我同類哪！」一般廣博的詞彙，和他的畫串連在一起了，在他的畫裏，雖然有各種各樣圖形，聚集在一起，但洪通不可能具備那些高遠的思想和觀念，但他爲什麼又與這些詞意聲氣相通呢？我想，這也應當歸因於他未受文化感染所賜了！假如洪通受過學院式的教育的指導與薰陶，今日的洪通也許就不是這樣子了。

前面說過，由於洪通的畫展，確實已爲臺北畫壇，帶來莫大的不安和騷動，其實，這的確是不必要的，除非藝術也有天生的排他性。否則這種不安和騷動，是不應該有，也不應繼續存在的。

對於洪通的畫，我有這樣一個比喻：洪通之與一般學院式的畫家，是截然不同的；就好像種花一樣，學院式畫家的畫，有如盆景，每一株都是經過別人的精心培植和灌溉，甚至生態的修剪，有一種制式的豐腴鮮豔的美；而洪通的畫？說有如深山曠野的野生花草，純樸自然，雖稍嫌粗獷，但看去野趣橫生，姿態天成。

假如我這一胡談，也能成立，那末你喜歡盆景也好，欣賞野生的花草也好，都用不著激昂、慷慨、驚愕駭異了！因為洪通的畫和我們常見的畫，的確是完全兩碼子的事嘛！所以，我們畫畫的人或是看畫的人，不妨各自把度量、眼光的尺碼加大一些，那管他新、舊、怪、異的招式，何妨兼容涵蓋，並行而不悖，不就好了，不是更能使我們臺北畫壇，更多采多姿嗎？

就有如洪通他自己說的：「我是這樣畫了，我還要繼續這樣畫，別人愛怎樣看，就怎樣看來。」這「草地人」說話倒是蠻通達事理，表現他的氣度。

至於，洪通的畫，沒有主題，缺乏內容，又不能具體的表示一個什麼形象，這一點，他自己曾經這樣強調過，「畫畫不能太像和太眞，如果畫得太像、太眞，就太沒有意思了，也不是畫了！」

這話，不一定能為一般人所接受，但，我們卻不能否認，這些話很有道理。

因此，在洪通的畫裏，有許多抽象，而又頗爲具體的形象的描寫，比如說在一幅畫裏，他寫了許多美女，有些美女的身體，卻似乎是用一條蚯蚓來表示的，如果說：這就是洪通，以蚯蚓蠕動的形象，來象徵美女苗條柔美的身段，顯然這是太好了，你說：還有什麼比泥土中蚯蚓的蠕動，更柔和與輕盈呢？以之，象徵女子走路時，腰枝擺動的姿態，算是洪通這「土老頭子」平常觀察的細微了，亦可見洪通對繪畫，眞是有心不是胡畫的。

站在我個人的觀點，我認爲洪通，對藝術的稟賦是很高的，如果有高明的人，予以指導——我說的指導，不是說：去改變他的獨異的「風格」，而是先幫助他認識簡單的文字，以及幫著他解決生活上，所遭遇的困難，使其能本著他自己的稟賦，繼續他自己固有的思維去作畫；更重要的，是讓他仍然保持那份「童稚心」，否則，愛他反而戕害了他！其次是要順乎自然的，緩慢的去幫他擴大生活領域，充實生活的內容，使其能吸收更多的見識，使他的畫能產生新的內涵和創造更高一層的境界。

雄獅美術雜誌一九七六年（六五）四月號
新文藝·橋月刊轉載

寫給喬喬

喬喬：去年五月卅一日晚上九時左右，你突然在你媽媽的肚子裏，從以前的拳打腳踢，一變而爲翻騰打滾。媽媽被你弄得哭喊不已，爸爸祇好趕緊放下筆，收起未寫完的稿紙，奔出門去，叫了一輛車子，大夥兒趕到了「臺北市婦幼中心」，經過醫師及護士的檢查，說是：「你太調皮了，時間還沒有到，就迫不及待地想跑出來呢！」

既然如此，媽媽祇好隔著一層肚皮，又兩手摟抱著你，就近住在一位林阿姨的家裏，現在林阿姨又已成爲你的準三舅媽了。

到六月一日晚上八點，你實在又翻滾得太厲害了，你媽媽再也忍受不住了，由爸爸扶著她，第二次走進了「婦幼中心」，媽媽滿身的衣衫被汗水濕透了，不知是興奮，還是恐懼，眼淚掛滿了一臉；護士小姐把媽媽抬在床鋪上，但睡倒了不行，坐著也不好，而你卻更不乖了！不祇是在肚子裏翻滾、拳打腳踢，而且你彷彿把肚子當作了運動場，翻起筋斗來了。媽媽身邊雖然有兩三個護士在扶著，但仍抵不過你的那種蠻勁、蹦跳！衝刺！媽媽滿身大汗、流著淚，咬緊牙、忍受！忍受！……沒有什麼理由，祇因你是我們的心肝寶貝啊！

雖然護士小姐也幫著按摩、催生，但這次你又要賴皮不出來了，待產室的其他哥哥姐姐的媽媽，出出進進有好幾位了，就是看不見你和媽媽出來……。

爸爸一心一意，祇注視待產室的大門，不停的開啓和關閉，卻沒有注意到待產室外的長廊上，原來擠滿了的男男女女，現在祇剩爸爸一個人了。

算算時間，我已經在這幾條長凳子上，坐著、起來、又躺下，已經快十一個小時了。已經是凌晨五點，臺北又由沉靜而開始熙攘起來了！

窗外雖然仍是一片漆黑，同時又飛洒著毛毛細雨，我身上的那件夾克，白天還嫌厚了一點，現在竟覺太單薄了。我周身發冷，就把玻璃長窗拉下來，嘴裏的牙齒仍在戰慄；冷，又加上飢渴；尤其長久的盼望與等待，現在，在我的意識上，更增添了一種恐懼之感。

就在這時，一隻四四方方的箱子推出來了，我立刻從長凳上跳起來。護士小姐帶著微笑。

「恭喜！」她說：「是一位千金！」

我趕緊俯下身去，你的小臉紅紅的，兩隻小眼睛已張開了，我立刻就想擁抱你，一種「親子之情」油然而生。

隨著你的後面，你媽媽的那張輪床，也跟著推出來了，你媽媽很平靜，但眼角邊仍掛了一串長長的眼淚。

她說：「是一個女孩！」熱淚更加如泉水一般的湧出來。

爸爸扶著她的輪床，替媽媽抹乾了眼淚。

「她眞漂亮，可愛極了！」我連忙告訴她：上天給我們已經很多，我們原應滿足。

你在「婦幼中心」住了一個星期，我每天上完第二節或第三節課，手上拿了教本，有時忘了把粉筆丟掉，揑在手裏就帶到婦幼中心來了，爲的是必須趕上規定的時間，上午十二時，可以獲得看你一次的機會。

我第一次拉住你的小手，是你出生後的第二天，我就發現你會笑。那張甜甜的臉，紅紅的小嘴，一如你的姐姐皓宣及哥哥干城出生時的情景一樣。

喬喬，到今天，你出生已經六個多月了，雖然外面正在喊著：「兩個孩子恰恰好。」但爸爸和媽媽，仍然熱烈地歡迎你的來臨，我們更不會介意多了你一個。我們要盡一切可能來愛護你，關切你，照顧你，一如照顧你的姐姐和哥哥一樣。

物質方面也許難盡如人意，但是爸爸和媽媽將盡心盡力的，使你們能在完美安全的幸福生活中長大。

喬喬，你已經是一個半歲大的孩子了，你發育非常完好，圓圓的臉，甜甜的笑，紅紅的小嘴裏，已長出了兩顆白嫩嫩的小門牙；近日來你又會發出許多新奇的語音，和格格的笑聲，已充盈著我們這間小屋子，我們家已因你的來臨，而增添了更多的幸福與快樂。

然而，你可知道，爸和媽是多麼希望你能快點長大嗎？你的雙足現在已開始能站立了，今後你更要利用你的雙足，去走你自己最長遠的路，人生的路不管它是平坦還是坎坷，你都要放穩腳步，踏踏實實地向前邁進，即使中途跌倒了，你也要趕緊地爬起來，鼓起勇氣再走。

更要充分運用你的智慧和雙手，不停的思想和勞動，不僅祇爲你自己的生活，還要顧及其他的人們。記住爸爸的話，對社會要努力付出，不計收穫。

孩子，如果社會能因你的努力與付出，以及熱誠與貢獻，而能獲得一些的進步與繁榮，那麼妳媽媽生你時的痛苦，你爸爸在待產室外坐立終宵的苦等與期待，也就不算白費了！

（爸爸寫於六十四年十二月一日）

寫於板橋和平公寓二樓

大華晚報副刊一九七五年十二月七日發表

失犬記

——給朱蒂

朱蒂，是我家的一條小狗的名字。

兩年前，鄰居懷先生家的海蒂，一胎產下五個娃兒，由於懷先生的小心照顧，一個個出落得都非常令人可愛，故兩個月不到，都被朋友們，連「擄」帶「強」一般要去了；朱蒂，也就是在一個月多一點的時候，被抱進我家的大門來。

小朱蒂，長得太動人了，全身白絨絨的，有兩隻灰褐色的小耳朵，鄰近尾巴的背上，又有兩個小黃點，顏色是那樣的調和；而灰褐色的小耳朵，與這兩個小黃點之間，如果用線條連起來，正好是一個三角形，牠這付姣好的姿容，很輕易地，就獲得了我們全家人的愛寵。

爲牠服務的工作，幾乎是立刻就展開了，大女兒皓宜忙著叫燒水給牠洗澡，大兒子干城在計劃和牠作個小窠，並一面討論爲牠取個適當的名字，這件事爭論了很久，最後採用了朱蒂。我是沒有意見的，幾個孩子卻爭論個不休，還是淑美運用折衷手段，下令停止爭吵。

「好了，就叫她朱蒂吧！好像牠是一個狗小姐嘛！」淑美說。

兩個小孩子，從沒有抗議大人說話的習慣，於是四隻小手，不約而同的，圍擁在小狗的身上，並同時俯下身子，以柔和而親暱的聲音，喊出了：「朱蒂、朱蒂」的大名。洗好澡，用吹風機給牠吹乾了，把牠安放在一個硬紙盒子裏，孩子們上學校，就放在他們的房間裏，放學回來，就搬在他們的書桌上；吃飯時，把魚兒的刺去了，餵牠！把瘦肉嚼爛，硬塞進牠的小嘴，睡覺時，還說要擺在小床上，……朱蒂就在這樣的愛顧之下長大起來了。

長大後的朱蒂，既機靈、又活潑，坐、蹲、縱、跳，英姿風發，確是人見人愛。也許就是這份「愛」，來得太過份、過重、過濃，朱蒂承擔不起吧！首先，在牠的飲食方面，有點異常了，牠挑剔食物，對一些不合口味的東西，祇是用鼻子聞聞，就掉頭而去。起初，我以爲是時令、季節的關係，或者是心理與生理上，有某種情況的變化，沒有去注意，但最後，牠卻油膩不沾、葷腥不進，我知道腸胃大概有毛病了！給牠吃了許多幫助消化的藥，對飲食仍是不感興趣。

正好這時，屋後又開始大興土木，天天有車輛及工人來來往往，牠的性情一反平常，顯得更煩躁，見人就狂叫個不停。爲了使牠的生活寧靜一些，我把牠的小屋，從後面的走廊，搬到前面的涼台，又搬上屋頂，但都不能適應牠的生活情趣，孩子們都說：「朱蒂有點怪了！」

今年八月搬了一次家，來到一個新的環境，又是樓下，出入方便多了，朱蒂的鐵鍊子，也把牠解開了，讓牠在外面多交一些朋友，多跑跑。但第一天，就帶來了麻煩，牠高興對草坪上的雞鴨，作無休止的追逐，弄得鵝飛、鴨奔、鵝叫，朱蒂還得意的豎著耳朵，高舉尾巴狺狺狂吠，這樣的景況，誰能忍受得了，鄰居們開始咒牠！用棍子趕牠！用石塊擲牠！

於是，我又把牠的鍊子，重新扣上，拴住牠，晚上才把牠放開。在門外的窗戶下，爲牠釘了一個小屋，滿以爲這下可以安靜了吧！但牠老是睡在屋檐下，或鄰居們的門口，我把牠捉進小屋去，用手輕輕的撫摸牠，牠蹲起來又將牠按捺下去，一連幾天，總算習慣了，但還是祇要有人經過，就汪汪的叫。一些左鄰右舍的人，按理牠是認識的，但牠仍是對大人狂吠，對小朋友猛追，一個月過去了，兩個月又過去了，牠仍然沒有改變，於是，我也開始煩了，氣了，惱了！

我也開始咒牠了，鄰居的小朋友，用石子投擲牠更厲害了，一天到晚，小屋子裏都是石子。外面石子更多。

我天天幫牠，把石子從屋子裏檢出來，有時的確很氣，不免順手就把小石子擲牠，因此，牠也不敢接近我。每當我從外面回來，牠總是站在四五尺以外的地方，猛搖著尾巴，而且用一種異樣的眼神，凝望著我，充滿驚懼、疑惑，與無可奈何之情。

也許牠已經感覺家人對牠的冷漠，鄰居們對牠的厭惡與痛恨了，孤獨包圍著牠，寂寞襲擊著牠，因此，小屋子待不下去了，朱蒂的確已陷入四面楚歌之境，有時，我又覺得牠實在可憐，但一聽牠無理的狂吠，鄰居們的咒詈之聲，我又惱火了！剛產生的一丁點兒同情，又化爲烏有。

牠似乎也覺察出我對牠態度的改變了，反而跟隨得更緊了，上學牠跟，上班牠跟，上菜市場牠也跟，總之，我們一出門，牠就在後面跟著跑。

——事情，就這樣發生了！

前天我因事去臺北，匆匆忙忙跑進火車站，跳上火車，車輛子就在鐵軌上蠕蠕移動，等我坐定氣還沒有平下來，卻發現朱蒂也跳上來了。我望著牠，心裏升湧著複雜的情感，相互呆望了一會，我俯下身去摸摸牠，拉牠在我的座位下睡下來，這樣可以不被查票的人發現，而招來麻煩。

車子開得很快，快到臺北了，查票員還沒有來，祇好去找他們補票，但是我回來時，朱蒂卻不見了，一連找了好幾個車箱，都沒有。車子已在臺北停下來了，我在月台上來回呼喚，不見牠的影子，我又爬上那輛火車，乘客們都下光了，車箱冷冷清清，祇有幾個隨車服務的人，在收拾東西，我又趕緊跳下來，月台上人也不多，仍然沒有見到牠，我祇好十分歉然地走出車站。

辦完事情，趕緊回到車站，裏裏外外找了好半天，晚上五點多才回家——牠的小屋子空空的，只有許多小石子。

——這期間，我曾在臺北車站內外，找了許多次……都沒有牠的蹤影「…………
…」

唉，朱蒂，兩年多以來，你帶給了我們許多歡樂與喜悅……這兩個多月，你卻也爲我們增添了不少麻煩；但，這終究是可以原諒的；因爲，我們一向是住在樓上，你有一個安靜的小窠，一旦搬進一個熱鬧而複雜的環境中，也難怪你不能適應，但卻未曾想到，你竟選擇了這個極不歡洽的時刻而走失了！朱蒂，說實在的，我在懷疑：是你自己有意離去？還是由於我的疏忽!?

朱蒂，現在已經十點了，外面正是夜暗如漆，風雨撩人的時候，你究竟流落在那裏？如果你中途下車了，是在八堵？汐止？抑或是南港？哦！在那些生疏的地方，你如何去獲得生活的依托？尤其，正當這個「危險的季節」，在那些小飲食店、麵攤子上，到處懸掛著「香肉上市」的紅紙條，眞使人怵目驚心！朱蒂，你可千萬別撞進這些貼有紅紙條的飯店去啊！這正是以刀鋸鼎鑊待你們同類的地方，你要小心哪！

朱蒂，如果你是在臺北下車的，那更使我擔心，那裏車輛行人如此之多，你如何去穿越這些車流和人潮？朱蒂，火車站有地下道，你如想過去，千萬要從地下道繞過去，那裏有中國大飯店，有希爾頓大飯店，但那些穿著銀色和橘黃制服，帶著白手套的司門人，他們雖彬彬有禮的迎送那些從流線型小轎車裏走出來的貴婦，並接過來貴婦們懷裏的小狗，如擁環寶；但卻不會讓你進去的。朱蒂，即使你眞正的餓了，千萬也別打算到這些地方去。最好，你仍在火車站，那裏有間鐵路餐廳，如果你適應得宜，在那個擁擠的地方，也許還可以暫時容身；餓了，可以進去檢些殘羹剩飯，塡塡肚子；暗夜來臨時，找個偏暗的角落，或在靠近出口處，那個堆行李的地方睡睡。我常常會去臺北，我也一定會在那些地方找你、呼你、喚你。朱蒂，萬一等不及我來臺北時，如果遇到了寬厚仁慈的人，能善待你，希望你忘了我們，跟他去吧！誠如是，我也衷心感謝上蒼。

朱蒂，如果進了一個新的家，你一定要和主人好好的相處，忠誠地侍候他們，尤其，近兩個多月來，你那種無理的狂吠的毛病，要從根除掉，學習善與鄰處的好習慣，和養成和悅待人的好風度，才好。

朱蒂，你走了！千萬別以爲，我是有意在遺棄你，造成這次不幸的結果，乃是許多錯綜複雜的原因和許多巧合。朱蒂，原諒我的疏忽吧！更願上蒼佑你。

新文藝月刊一九七二（六十一）發表

放風箏

——兼懷二伯父恢緒公

每見街頭巷尾或荒村野外的電線桿上，殭硬地懸掛著一個個風箏，有的已被風雨吹淋得不成樣子；有的還美好如初，一條長長的尾巴，仍在風裏飄舞。我心裏就不禁鈎起一陣喟然與嘆息；並隨即想起：它要不是被纏繞在電線桿上，這時將仍是飄飛在藍天白雲之下，忽兒昂揚向上，忽兒左右盪漾，風姿靈秀飄逸；尤其，青草地上那一群，天眞爛漫的小孩兒，一個個手拎著長線，仰著小臉，跟著風箏，奔馳嬉戲，笑聲盈耳，喜氣洋溢的情景，就會自然而然的浮上心來；我祇所以有這種感觸，因爲小時候也是酷愛此道的好手，更幸運的我還有一位最喜歡放風箏的二伯父，當我會拎著風箏的棉線，在屋前屋後奔跑時，我的二伯父已六十多歲了，他爽朗、健康、仁慈，他一閒下來，就提著一根粗而長的，煙管作手杖，領著我們一批小孩，沒有親疏之分，沒有遠近之別，更沒有門戶之見，都圍著他一塊兒說笑嬉戲；每週天氣清朗，和風輕拂，就帶著我們一同放風箏，他的手藝很好，他紮的每一個風箏，沒有飛不起來的。

二伯父做風箏，沒有做太多的式樣，他祇做一種八卦形的；他把竹子削成細細長長的，作風箏的骨架，有時也許是要求二伯父，做風箏的孩子太多了，二伯父沒有這麼多工夫去削竹子，就用敬神的香杜，把上面的紅色或烏黑色的香粉刮掉，那竹心子也是細細長長的，也是做風箏的好材料，三根或四根竹子交叉，用棉線紮成六角或八角形，敷上紙，加上一條尾巴，風箏就算成功了！但是二伯父說：做風箏很容易，最難的就是「拴線」，風箏上那三根定線，要是沒有放在適當的位置，就飛不起來了！

所以每當二伯父，爲我們做風箏，我們就蹲在一旁，看他做，聽他說明「定線」的方法，什麼位置能高飛，什麼位置是平飛，都有一定的角度，如有一個風箏，剛一離開地面，就栽斛斗，就趴在地上、翻滾，那都是定線的位置和角度，沒有做到精確的原故。

小時候的家鄉，工業並不發達，放風箏的線，在媽媽們的心裏，的確乃是天大的浪費，一個風箏紮得好，它會隨風向上猛飛，飛得越高，放風箏的線，就要無限的長，媽媽們在膝蓋上，揉擦而成的綿線，被我們這些調皮的兒子，偷偷地拿來放風箏，實在使她心痛；但是，當她看到自己兒子的風箏，爬得最快，飛得更高時，孩子們興奮歡悅的樣子感動了她，又會自動的把心愛的棉線，一捲一捲地塞在兒子的手裏，母親們對兒女的心，實在是微妙的。

放風箏最忌諱的事，當然就是怕風箏，正在藍天之下，自由飛舞盪漾之際，拎在手裏的線突然斷了！原來拿在手裏，甸沉沉的有一股力的感覺的線，一下萎頓地彎彎曲曲掉在地上，尤其，看到剛才還牽拎在自己手裏的風箏，控馭自如，一晃就在遠方的天空中，頭向左右一歪，尾巴向下縮成一團，就隨風飄落，任憑你千呼萬喚，拼命追趕，也追不回來了！這時小心眼裏頭，那股子墜落！飄失！酸心的滋味，不是放風箏斷過線的人，所能體會得來的！爲了避免「風箏斷線之痛」，所以放風箏的線，是不能不講究的，普通的棉線，是經不起強勁的風力，和風箏本身劇力的昂揚與擺動。所以通常是用兩股小線，揉擦而成粗綿線，才能勝任。

風箏紮得好，放的時候，祇要一個人雙手拿平風箏，一個人牽著線向前猛跑，風箏就會自然飛到天空去的；會放的人祇須拎著手中的線，一牽一拉，把線放出去，風箏就越飛越高，但如果碰上一陣強風，阻力太大，風箏承受不住，就會猛力地左擺右歪起來，這時如果你還緊拉著手裏的線，風箏就會一個觔斗，就半空中栽了下來，所以遇到這種情況，你要把手裏的線，趕快放鬆，讓風箏自然下垂，後退，以減少阻力，等流風一過，再把手裏的線拉緊一點，風箏就會很快的恢復平衡，繼續向上飛了！

因此，放風箏最適當的時間，是在開春之後，這時呼呼的北風，剛剛過去，和緩的春風，徐徐地吹來，而更難得的，就是此時的風，有一種特性，輕柔而平穩，使風箏永遠在平衡狀態之下，飄飛迴旋，載升載沉。

現在是夏天了，風力雖然較大，但還並不強勁，仍然可以放風箏，上星期許寄平老師，就在校園中，迎風放起了一個四尺見方的大風箏來了，一時贏得了同學們的喝采和仰首齊觀；但等我下課回來，想也去湊個熱鬧時，卻由於天氣突變，寄平兄把風箏收下來了，可惜我沒有看到。由於許老師「開風氣之先」，第三天的下午，校園內的上空，我算了一下，大概有八九個之多，五彩繽紛，凌雲御風，飄過來，飛過去，好不熱鬧。

當天的下午放學，我的兒子就把做風箏的材料，拿回來了，他媽媽幫他把攪亂了的尼龍線，整理清楚了，捲在一根木棍上，我們父子兩個就蹲在隔壁的書房做風箏，我的兒子原以爲我祇能幫幫他的忙，卻沒有想到，從削竹片、貼紙、定線，我都會，他說：我比許老師紮得還快——不過……

我知道他想說的話，他擔心風箏飛不起來！他偷看了我一下，仍然不放心地這樣問我：

「爸爸，你看他能飛得起來嗎？」

「一定可以飛得起來的！」我說：「小時候我也愛放風箏。」

「要是它能飛得比別人快，比別人高，那就好了！」他滿心喜悅地說。

他拿出去在客廳裏，來回試了幾次，深怕妹妹把它撕破了，就趕緊收起來，放在他床頭的衣櫃上，我因爲蹲了半天，腰也有點痠了，就去看書了！

深夜醒來，我聽到他在收拾書桌的聲音，在門縫中，看到他已經放下蚊帳，上床了，燈也熄了，但剛躺下又爬了起來，燈又亮了，又見他從衣櫃上把風箏拿了下來，左手執著風箏，右手拎著線，又在一次又一次的飄試……然後放在膝上，撫摸又撫摸，口中喃喃的唸著！「明天，你要順風起飛，要飛得快，飛得高喲！」才小心的把風箏放回在衣櫃上，燈光下，我看到他的小臉上，掛滿了微笑，鑽進蚊帳裏去了。

第二天，我不知道他放得如何，但見坐在我同一個辦公室的鄭年正兄，正埋頭猛寫，說是在草擬一個放風箏比賽的計劃，我們學校學生有六、七千人；這一比賽計劃，如能成功，試想；在這和風輕拂，麗日藍天之下，有上千的風箏，飛舞翱翔，該是多麼壯觀的場面！

青年日報新文藝副刊一九七六年（六五）七月十五日

閒話春節

記不起是那一天發現的，在我上下班必須經過的，那條巷子裏，就有那末兩三家，首先在陽臺上的屋簷下，懸掛起了幾串紅紅艷艷的臘腸和薰肉，迎著冬天暖麗的陽光在晾晒；沒有幾天工夫，接二連三的陽臺上屋簷下，都一竹竿一竹竿吊掛得滿滿的，在暖陽微風的吹晒下，互相的擠盪著；我雖然是騎車子，一掠而過，但是那一串串的臘肉和香腸，散發出來的那股子味道，不僅無法形容，更使你有離地數丈，垂涎三尺之感。

看到這麼多的香腸和臘肉，當然第一個感覺是臺灣生活的豐裕和富足；但是另一個明顯，更強烈的反映，還是：「又將要過年了！」尤其，家鄉過年的那種情景，就好像放幻燈片一樣，一幕一景地映上心來。

離開家鄉廿餘年了，人家總是說：在外鄉流浪久了，對過年過節的觀念，也愈來愈淡了；但這是別人的看法，而我卻剛好相反，每逢年節來臨，尤其舊曆新年，思鄉思親思往事的情懷，卻更醉更濃更迴盪不已。

故鄉江西，雖地屬江南氣候，一到臘月，仍是天寒地凍，大半冰天雪地的時候居多，而風雪更是過年的情況，最重要的陪襯景物，因爲過年，假如沒有那種風霜雨雪，黑壓壓的天氣，過年的味道和氣氛就好像不濃了！

我家住在江西的蓮花，那是一個典型的農村，農村人民的工作，幾乎全部擺在春、夏、秋三季，而他們三季的辛苦忙碌，又更像就祇爲一個冬季一樣；冬季風霜雨雪，不宜於工作耕種，固然是原因之一，但一年的辛苦，能藉著這個充滿歡樂，又富傳統意義的吉日佳期，過一個年，來休養享受一番，也是理所當然的事，因此，家鄉的舊曆年，陳陳相因，一年比一年隆重，一年比一年熱鬧，說小一點人民的生活，因此而增添了光輝；說大一點民族文化也更加添了彩澤。民國以後，雖然普遍實行新曆，但過農曆年仍是熱鬧非凡，爲一般人民所重視，現在把我家鄉過年的情景，僅就記憶能及的風俗習慣，寫出來供年長者當爲甜美的回憶；讓未去過大陸的年青人，作爲嚮往的憧憬，以迎春節：

一、整理環境：農村一年到頭爲耕種忙碌，平時的稻草，茅柴，牛溲馬糞，到處都是，到了臘月時節家家戶戶，就會自動清掃一番，村前村後，屋裏屋外，大至門牆屋角，橫樑頂柱；小至桌椅板凳，箱籠櫥櫃，都得洗刷整理油漆一番，放眼望去到處清清潔潔，一派除舊布新的氣象，過年的序幕就這樣輕輕地揭開了。

二、縫製新衣：農村人民的生活，大都儉樸，沒有特殊的原因，很少穿著新衣服，但一到過年，無論家境好壞，都得做件新衣穿在身上，而這些新衣，有的是請村裏的裁縫師縫製，有的則是家庭婦女，在閒暇時期，一針一線自己做起來的。而且所用的布，就有如現在最流行的一句術語一樣：「一貫作業」。因爲棉花是自己種的，紗是自己紡的，布是自己織的，衣服是自己剪裁縫製的，說起來以農村的婦女，實在是萬能的。

三、準備年貨：這一項可以分爲兩部份，第一是敬神用的，如香燭紙炮，這些香燭紙炮種類繁多，要看自己的經濟能力，酌情選購，因爲新年的時間很長，故所需數量也很多；我記得光爆竹一項，就有萬響、千響、百響之分，香的種類更多，有一種平放時是一個大圓圈，掛起來恰如一座鐵塔，從除夕夜點燃起，一直可以點到元宵。臘燭大小不一，有的上面印了金字，還有鐫刻浮雕龍鳳的，油光艷紅非常好看。一經點燃，燭光搖紅，更能把一間房子映照得富麗堂皇。

第二部分就是食品，這是最重要的部份，除鹹魚薰肉的各種臘味外，酒菜項目繁多，已不復記憶，給我印象最深的、花生、瓜子、油酥豆子，蘭花根，以及其他糕餠糖菓，如麻花、芝麻、花生糖，及炒糯米再用糖凝聚成方塊，再切成長形或方形三角……這些食品，吃起來既香且脆，小孩子吃得口沫橫飛，歡天喜地，大人們眉飛色舞，笑逐顏開，這份天倫之樂，不是身臨其境過的人，是體會不來的。

四、送灶君：灶君又稱司命，據說：是天上玉皇大帝，派駐在人間的監察大使，筆者的外婆家，就是經營紙馬生意，每年都要用紅紙，印製大量的，大小張的司命灶君送人，貼在廚房的牆壁上，上面正中印的是：「九天東廚司命灶君神位」，兩旁附有對聯曰：「上天奏善事，下地降吉祥」。由這付對聯，可以知道，司命灶君的權力是相當大的，所以大人們常常警告小孩子，不要在司命灶君之前胡言亂語，怕祂在玉帝面前多說話。因此，人們爲了討好祂，在每年臘月廿三日夜晚，送祂上天向玉皇大帝述職時，還要恭備香燭紙錢，酒菜花菓，另備紙馬，合家男女老少向祂拜祭，態度至爲恭謹虔誠，有些人家，還在水菓、酒菜之中，加放一些黏性很高的麥芽糖，好膠住灶君的嘴巴，免得祂在玉皇大帝面前說太多的話，使玉皇大帝遣怒下來，這當然又是迷信中的迷信了。

五、貼春聯：春聯又稱年對，也是過舊曆年的特色，小年過後，鄉裏的一些讀書人，就要開始忙了，尤其，在那種天寒地凍的天氣，磨墨，寫字更是一樁苦事，筆者及幾位堂兄弟，爲了替父親磨墨，牽拉對聯，爲了趕時間，常常苦煞到通霄達旦；而父親作事，又特別認眞，一筆一畫都不馬虎；對聯雖有長短之分，字有大小之別，但其內容，都是一些吉祥、祈福的話，所謂：「除夕夜貼年對，盡選好話講」，像我們家的大門，就老是貼著：「秉天地正氣，承雨露新恩」上面四字爲「瑞氣盈門」，兩扇大門上，不是「花開富貴，竹報平安」，就是「物華天寶，人傑地靈」。其他如：「天泰地泰三陽泰，家和人和萬事和」以及；「忠厚傳家遠，詩書處世長」之類的對聯也是常見。四個字中以「出行大吉」「對我生財」，幾乎到處可見。有些子人家，故意把「福」或「春」倒貼，讓別人唸著「福到了」！討個吉利。在臺灣也有這種風氣。

當然寫年對的讀書人，是光揀祥瑞、慶賀的好句子寫，但是貼年對的人，也要懂得貼，如果貼錯了，也是會鬧笑話的，所以家父當年爲了謹愼，卅日除夕晚上，等每家的年對貼好了，還要命筆者出去看看有沒有差錯才放心。

最容易貼錯地方的是方塊和橫聯，比如說：「五子登科」是要貼在寢室門上的，「六畜興旺」一類，是應該貼在雞舍和牛欄的門上才對，如果貼錯了，不就糟了！被別村莊的人看到了，就會笑這地方沒有「人才」哪！這個臉是丢不起的！

小時就曾聽到這樣一個故事，有一個不會寫年對的人，去求一個讀書人寫對聯，但等了半天，還沒有挨到他，他一氣之下，回去磨了一碗墨，潑上紅紙，就貼在大門上。這件事被附近的讀書人知道了，就趕緊爲他寫了一付年對送過去，要他換下來他還不肯呢？最後還是由那位讀書人自己動手，可見當時的讀書人也難做的。

所以門聯寫得好，一些吉祥話用得適當，而貼對子的人，也運用得宜，眞是所謂：「詩情畫意」，更能爲新年憑添許多喜氣。

六、吃年夜飯：紅色的年對貼好了，門口柏枝臘葉，樣香，樣燭都插好了，正式的過年就開始了；這時各家堂前，祖先神位的供桌上，紅燭高燒，香煙繚繞，門裏門外，燭光香影，三牲祭品，花菓糕餅，擺滿香案，合家男女老幼，都換上了新衣，由長輩率領，向祖宗牌位，拈香作揖，叩頭跪拜，一時爆竹響聲震耳，遠近鑼鼓之聲相互頻傳，過年的氣氛濃得已經化不開了。禱告天地，祭拜祖先之後，就合家團團坐下，飲酒吃飯，大人高興，小孩快樂，眞是喜氣洋洋極了；因爲現在是除夕，是今年最後的一次拜拜，所以，這次祭拜，也叫「辭歲」！

年夜飯還有一個規矩，飯要煮得特別多，不僅祖宗神臺上的飯要留下，飯鍋裏的飯也要剩下很多，這表示今年生活的豐裕，不僅吃用不盡，而且尚有餘裕之意。

上面我說過廿三日夜，每一個人家的司命灶君，都送回天上了，今夜是除夕，明天就是新年初一，所以除夕夜灶君是要回來的，年夜飯後，又要把新的司命灶君貼在原來的地方，然後燒紙放爆竹，合家拈香迎接，並祈求祂，「永佑一家清吉，長保大小平安」。

七、除夕守歲：吃過了年夜飯，接上來就是放火爆關門閉戶，謂之「封財門」，全屋到處都是燭光搖紅香煙蒸騰，一家大小圍爐向火，除夕夜的火要特別旺盛，柴薪燃料都是很久以前就選好儲存備用的，所以火光熊熊，熾熱異常，儘管外面天寒地凍，風雪飄飛了，還是把每個人烤得暖洋洋的，我們家鄉有句俗話：「除夕夜的火，元宵夜的燈」，要特別旺盛，要特別光亮。

一面烤火，一面又有糖菓點心可吃，而長輩們，又厚又大的紅包——俗稱壓歲錢（壓祟錢）通常就在這個時候，散發給每一個晚輩，除夕夜守歲的過程，更因此而達高潮，一家圍爐烤火，談笑風生，好不熱鬧；家鄉的風俗說是：兒女們守歲，睡得愈晚，父母的壽命也越長，因此爲了打發時間，除了說說笑笑外，一些平常不准做的事情，像推牌九、擲骰子，打麻將……現在男女老幼，大家都可痛痛快快的玩了。

新文藝一九七七年（六六）二月廿一日發表
江西文獻月刊轉載

竹林（外二章）

我的屋後，是一片密密麻麻的竹林，長年清翠欲滴，輕語迎人，它不僅裝飾了這莊子的風景，而且每年也爲我們的房東，帶來了或多或少的財富，因爲竹筍和竹葉，都可以賣錢，竹葉長年青綠，竹桿兒挺直，枝椏交錯，蘢蘢蔥蔥，搖曳生姿；尖如小刀似的葉子，層層疊疊；每當狂風怒拂，有如千軍萬馬，飛奔馳騁；微風輕飄，又似熱戀中的情侶，輕言輭語，細訴頻頻。有說不盡的韻味。

不過，竹林並不是絕對沒有寂寞的時候，偶遇滂沱大雨，重泉百疊，珠淚長流；那種垂頭喪氣，搖首嘆息，悽悽慘慘的勁兒，看了也會使人傷心！

但是，夏秋之交，炎陽當空，炙熱灼人之際；風兒吹不動一草一木，卻能輕輕搖響整個竹林。蟲聲唧唧，鳥鳴嚶嚶，其予人精神上的清新，心境的爽然，任憑妳妙筆如何生花，也不能描述其神奇與奧秘；如用：心曠情怡，胸懷開朗……一類的句子去形容，這不僅不能增加竹林的韻緻，反而顯得庸俗與粗俗，破壞了竹林的妙趣了。此時此景，「神奇」二字，那也不能涵蓋!?

總之，非置身其中，竹林所給予您的韻味，是無法體會出來的。

清晨

在臺北住了多少年，早上總是賴在床上，一回到鄉村，這個惡習，在不知不覺中，改過來了！

記得搬來這山村第一晚上，也許是新換了一個環境，一夜不能成眠，使我心裏急得要命，我想：明天一定起不來了。

——事出意外

第二天，東方的曙光，剛從窗縫中，擠進來一點點，就被我發現了，一骨碌從床上爬起來，第一件事就是打開窗戶，晨光曦微，雞聲處處；正當這時，建築在山腰裏的那座古剎，又傳來了，清脆悅耳的鐘聲，精神爲之一振，仰望長空，萬里無雲，俯瞰田野，一片暗綠，晨風吹著稻穗，綠浪翻飛，小溪的流水，清澈如鏡，在石隙間奔馳著，不時揮濺出水花，帶著歌聲，流向遠方！遠方！幾隻活潑的小鳥，在半空中飛翔，不斷發出婉轉的鳴叫，這早晨的確已經夠熱鬧了。

我披衣走出陽臺，東方已呈現萬道金光，這寧靜安祥的田園美景，我貪婪地欣賞著，微風輕輕地吹在身上，帶著一種朝露的濕味，和新翻泥土的潮氣；不覺得冷，但感到清涼與新鮮，胸懷開朗，爽心悅目，也許就是這個境界吧！

這時村子的道路上，趕著耕牛，肩荷犁鋤的農夫，已經陸續地走出村子了！人言謗謂，車聲轆轆，從村子裏，四面八方響了起來，他們不用朝暾，來照亮行程，滿臉堆著微笑，懷著自信，要在雞聲把朝陽點之前，趕到有著他們汗液芳香的田畝，深深地植下人類的理想和希望。

月夜

山村的夜是最美的，群山環抱，浮游著輕霧，形成一片蒼茫，籠罩著原野，但天上的星辰，都好像用聖潔的清水，洗滌過一般，一顆顆都是那末晶圓而閃亮，月光高高地掛在天空，將它柔美的光芒，慷慨地從天上傾瀉下來，大地如銀，溪流如鏡，山崗和原野躺臥著各種小草和小花，分不出紅、黃、藍、紫、粉白、黛綠，點綴在暗綠如茵的草原和稻穗之間。

天上的夜鶯，地上的各種蟲鳴，田裏的蛙鼓，都各自舒展著，牠們的歌喉，天生特有錄音天才的輕風，把它們匯集成了一曲，人間從來沒有誰，能譜成這『偉大的自然交響樂』。抑揚頓挫，清脆婉約，聽了這自然的樂章，人兒爲之興奮，草兒爲之挺腰，花兒爲之怒放……眞個是萬物並育，欣欣向榮了。

我從未發現過，微風輕霧，星月交輝，所交織而成的，竟是如此一幅美好而動人的夜景，我生命顫抖的激情，亦隨之奮然而興也。

新生日報新生副刊一九七〇年（五九）四月十九

鄉居的懷念

離開鄉下到臺北來，眨眼又兩個多月了。

每當我被車聲人潮，震盪與擁擠得，耳聾頭暈時，又不禁想起，我住過四年的那座小小的煤山——瑞芳，那份寧謐和安祥。甚至，曾經討厭過的，那些下個不停的，毛毛細雨，如今也覺得它，有幾分可愛一樣；尤其，雨後的那份清新，在這裏永遠也無緣見到了。

記得在鄉下時，只要感到疲累，就放下書本，擱下筆，走出村子，抬頭看看藍天的白雲，溪水邊的垂柳，那樣飄逸與洒脫，頓時又發揮了它們醫療疲累的效用，人又顯得生機蓬勃了！只要我們的眼睛，看得遠、看得清，視野是永遠遼闊的。自然界種種形象：天空、雲朵、山嶽、河流、樹木、花草、鳥獸、蟲魚，無一不使人怡情悅目，心胸爲之爽然！

大自然的確是偉大的，尤其，它那份慷慨無私的性格，只要人們覺得需要，願意跟它親近，它就會將人類至今尚無法，描寫出來的，各種形體，線條，以及色彩，排列在你的眼前；其形體組合的巧妙，線條構圖的完整，色彩調合的均勻和對襯，幾乎沒有一樣，不使您稱心如意，只要你有空閒的時間，它就能給你悠遊自在的生活樂趣。

凌晨，遠村近鄰，就有嘹亮悅耳的雞啼，劃破黑夜的靜寂，迎來朝暾，祥和的旭日，從東山升起；這時，雲淡風清，繁星數點，在霞光萬丈中，悄然飄隱，其姿態之安閒，色彩的艷麗，文字、語言、美術、音樂，都是無法形容的。人在如此安祥寧謐，空氣新鮮之中，生命益發覺得充實而昂揚。

昊昊陽午，日正當中，鄉下的景色，更加宜人，遠山一片朦朧，近山佳木蔥悅，大地上有百花盛開，山谷綠郁增發，在火紅的陽光下，迎風招展，各顯生機；山溪中有白花花的泉水，奔流淙淙；阡陌間有各式各樣的蝴蝶，蹁躚起舞；時間不停的在向前推移，景色也不斷的在變換。

當夕陽西下，霞光爲西山鑲上了金邊，照得滿天通紅，三三兩兩的農人，迂迂荷鋤而歸；牧童們的口哨，卻傳得愈遠愈嘹亮。村子口，有黃狗搖著尾巴，迎著牠的人主；晒穀場上的孩子們，又手拉著手，在那兒高唱：「月亮出來了！大家哈哈笑」的童歌。而黃昏的夜幕，也像纖細的一條條黑色的絲帶，縹縹緲緲降落下來。遠處的山嶽朦朧，近處的樹木，更像一座座烏黑的鐵塔，大地又將要復歸於靜寂了。

然而，自然萬物的美景，不是單憑人的眼睛，直覺的去觀察，有時是要用心靈去體會，才能感受出來。誠然宇宙間的每一種形象，如果只能用直覺的眼力去觀察，才能感覺它的美，那是頂粗淺和鄙陋的美了。故百花盛開，陽光掩映；月色朧朦，夜霧淒迷，固然絢美異常，但當你獨坐沉思，天外忽然傳來，數聲雁鳴，那種迷離抽象的美，勢必比視覺觀察的實景，來得高遠聖美多了！嬰兒的微笑，是美的，但，它只有一刹那；浮雲掩映的斜陽，是美的；天邊的流星，也是美的；但有誰能把它們捉住呢？龍吟虎嘯，它給人們的想像，是雄渾而健美的；但，究有幾人，又曾親眼看到、親耳聽到過呢？

因此，住在城市裏的人，總以爲鄉下的白天才是最美的，但是，一到夜晚，就孤陋靜寂了！這是不對的！其實，鄉下夜晚的美景，比白天來得更柔美、安適和恬靜，不過這種美，不是用眼睛去欣賞，而是用靈魂去感受罷了。

青年副刊一九七四年（六三）二月二日

鐵耙的遐思

久雨初晴，和煦的陽光，灑滿了一校園，教室內特別明亮，教室外更是暖洋洋的，看見校園裏有三四個工人，在種植韓國草，花圃的畔邊，斜斜的放著兩把鐵耙，頓使我又想起了，故鄉的莊稼耕田種地的情景來。

鐵耙分兩種，一種小的鐵齒祇有四個至六個，比較輕便；大的是種水稻時才用，因爲它本身笨重，所以要用牛隻在前面拖拉，把犂翻了的泥塊，耙鬆、耙細、耙平，然後才能蒔下秧苗；而小的則是種乾作雜糧的旱田用的，因旱田泥土乾硬，要用鐵耙梳碎、耙平，那天在校園裏種韓國的工人，用的就是這一種。

看見種草的工人，把泥土耙碎了，梳平了，他們就小心地將一片一片的韓國草，平鋪在細小而平坦的泥土上，一個老年人說：這樣做細嫩的草根，就會伸入細碎的泥土之中，受到陽光雨露的滋潤，它們就會茁長起來。

小時候喜歡跟大人學做種田的事情，尤其羨慕大人挑擔子，每次跟大人到田間去，大人總是折了樹枝兒，給我當扁擔，兩頭梱了一把稻草兒，扛在肩上吱呷吱呷的挑回家。

嘴裏也學著大人唱的：「一根扁擔兩頭尖呀！千斤重擔，也要挑著向前行喲！……。」

我每次用力挑著兩捆稻草兒，晃呀晃的，在大人的前面和後面，還覺得挑擔子是多麼輕鬆喲！小心眼兒裏，就暗暗地立了一個大志，要像叔叔伯伯一樣，做一個出色的農夫。

……………

一晃近三十年了！我不僅沒有成爲農夫；竟而連農夫用的鐵耙也沒有摸過呢!?今天在無意之中，突然發現了這耕田種地不能缺少的鐵耙，最初，我曾爲之迷惘，隨即趕到花圃的畔邊，扶起那把鐵耙撫摸著，一種激越之情，油然而生——故鄉耕田種地的情景，伯伯叔叔挑擔子的影子，竟然由淡遠、模糊，而清新、顯明起來了；當年祖父替我折樹枝兒當扁擔，我挑著一肩兒稻草一小一老，一步一步向前走的情景，更是記憶猶新。（六十五年元月十日於板橋）

新文藝副刊一九七六年（六五）一月廿六日

三百六十行之外——補碗

——江西人補碗；「自顧自」！

陶瓷，在我國歷史上的記載：約在三、四千年前的新石器時代，就有彩陶與黑陶的存在；其製作的精巧，洵爲中華文化與人民文明生活的表徵。而中國瓷器，又以江西景德鎭所產的，尤爲特出。（按景德原名昌南，宋眞宗時，以其所產瓷器精美，特以其年號「景德」錫之，益顯珍貴。）

景德瓷器，至隋代燦然大備，唐代已大量生產，至宋代且已開拓外銷，風行韓國、日本、西洋、土耳其與歐洲，於是中國瓷器（China china）舉世聞名矣！

世人以爲江西產名瓷，家家戶戶，大概都是名瓷滿桌，大碗小碟，堆積在碗櫃中。其實然，到過江西的人，就會知道，無論大家小戶，不僅沒有景德鎭的瓷器，連上好一點的瓷器，也不多見。不僅如此，江西處處產瓷器，照理說，對瓷器一定不會太重視，但事實又不然，到過江西的人，總該記得，在一些窮鄉偏村，甚或大街小巷中，不時還可以看到或聽到，有一些肩挑兩隻木箱子的人，在沿門叫喊：「補碗！補碗！」之聲呢！

他們，把小擔子在人家屋簷前或大樹下，或祠堂廟宇的走廊上一放，附近的人家，就會把平日摔壞或破裂了的杯盤碗碟搬出來，請他小心拼湊釘補。這些補碗的人，所攜帶的工具，非常簡單，祇有一把銳利的小旋鑽、一個小釘錘、外加一張已經烏黑的破布，以避油污或瓷灰，另外就是一些大小不同的銅扣釘。所謂「銅扣釘」，就如現在的釘書針一樣，不過是銅的，兩端微尖，中間稍寬，大的破碗盤，用大的銅釘，小的杯碟，則用小銅釘。

他們眼力銳利，動作輕快而熟練。一隻破碗夾在兩股之間，或覆於膝蓋之上，那把小旋鑽，就在壞碗的適當裂縫處的對邊，「刺咕，刺咕」的旋鑽起來，孔洞打好了，就把碎裂的破片，拼湊成原來的樣子，鋼釘子一個一個釘下去，一隻破碎了的碗，立刻又完好如初了，既不漏水，裂縫也難看見，除非時間太久，銅釘生銹發黑，才曉得這隻碗盤杯碟，是經過拼湊補過的，眞可說是：天衣無縫，毫無破綻可尋。其技藝的精巧，實已進入精妙神奇之境了！

在臺灣不能製造很好的瓷器，人們有時把碗盤打破了，大都是一丟了事。但在以產瓷器聞名於國內外的江西，人們卻不願輕易摔掉一隻破碗，更有人在專以補碗爲業，這除了說明在舊日文化洗禮下，我國人的節用、惜物等可愛的德行之外，也許還可以爲吾人帶來，另一些難能可貴的啓示吧！那末，這個三百六十行之外的行業，就顯得更令人欽佩與可尊可敬的了。

中國時報副刊一九七三年（六二）十一月九日

江西文獻月轉載

虔誠

「今年的中元節，我也要拜拜。」淑美說這話時的神情，非常的肯定。

她說：「喬喬雖然小，但皓宜及干城，已經長大了，我要他們知道，中元節不是迷信，乃是一個追薦祖先亡魂，以報答親恩的日子。」

我覺得這意思是很好的，孩子們也確需要明白「愼終追遠」的意義，及這種「孝思不匱」的倫理觀念。

「好吧！」我說：「一切就由你去辦好了！」

中元節的前一天晚上，也就是農曆七月十四日，她坐在我的身旁：

「我都準備好了！」她說：「買了一隻雞，一條魚，及一塊猪肉，和一些罐頭。」

「只是沒有買水菓，我不知道，媽媽她老人家喜歡吃些什麼？」她爲難似的。

她搖搖我手臂：

「隨便嘛，意思、意思就行了！」

「不，不行，最好要買她老人家喜歡吃的，老人家翻山過海，來到這裏，吃一頓飯，很不容易。」她說：「我要她老人家，吃得舒舒服服的。」她眼睛裏閃著光。

「我小時候，在大陸家鄉，好像沒有吃過香蕉、鳳梨、木瓜。」我說：「那你就買這些水菓吧！我想：媽媽一定是喜歡吃的。」

「那好，我就同干城去買，要選一串上好的香蕉，要金黃色，上面有著芝麻小點；還有鳳梨，也要綠中透黃的最好，媽媽年紀大，牙齒可能不太好，太酸不行；還有木瓜，我也要打成汁，放支吸管，讓媽吸著吃。

「我聽你說，媽媽脾氣是最好的，是嗎？」

「嗯，我記得小時候，好像很少罵過我似的，鄰居也都說她老人家，和善與仁慈。」

「這就使我放心了，如果有那一樣菜，炒得不好，她老人家，是不會生氣的。」

我看她好開心，只顧把小手帕，在手掌心裏揉了又揉，就好像媽媽她老人家，正坐在她身旁一樣。

「嗯，還有，我們江西人喜歡吃辣椒，如果媽媽她老人家也喜歡，我要在每一個菜裏，多放一點點辣椒油。」她好像又不放心一樣，又轉頭來問我：「你記不記得，媽媽是喜歡，還是不喜歡辣椒，如果也喜歡，我最好還是買點青嫩的，剛從鄉下挑著來賣的，又新鮮又辣，就更好了！」她一心一意在籌劃著。

轉身看到廚房裏的鍋蓋子，拍撲拍撲在響，她又趕緊跑了去，我看到一隻黃澄澄的雞，已經在蒸了。

孩子們問我，明天什麼人要來嘛？

「你們的奶奶——大陸上的奶奶。」

「眞的！」他們高興極了，但是刹那間就省悟過來，快樂也從他們的臉上，立刻平斂下去了！

「爸爸騙我們。你不是說，奶奶很早就去世了！」

「是的，我是說，明天是中元節，奶奶是可以回來的，所以我們要請奶奶來吃飯，還要燒些紙錢，給奶奶帶回去用。」

「啊！我知道了，就是我們老師說的『孟蘭法會』，超度七代父母的亡魂，是勸人『愼終追遠』不忘孝思的意思。」大女兒初中畢了業，懂得就似乎多些了。

淑美在廚房聽到提起紙錢，又從廚房趕緊跑出來告訴我，這些東西都買好了，她說：

「就是沒有做一個袋子或包袱的東西。」

「要那種東西，做什麼？」

「嗯，沒有袋子，那些『金銀財寶』，媽媽怎麼帶回去呢？我不但要做袋子，我還要做背包一樣的袋子，那樣媽媽提來就方便多了！」

她這樣虔誠，我也不好說什麼，只由她自己去弄了，好像是深夜，我還看到她，在燈下剪剪貼貼的，她低下頭，是那樣專心專意。

中元節的早晨，我走下樓來，淑美又跑到陽臺的欄干邊，把頭伸出來：

「嗯，我跟你說：大門的電鎖不要關。」

「爲什麼？」我說。

「不要關嘛！」她把眼睛瞪了一下，又抿著嘴微微的笑，「你走吧！要你不要關，就不要關。」

她臉上和心裏，都表現出一種祈求和希望。

依著她，把門輕輕闔上，留了一道小縫。

她點點頭，微笑著走進去了！

中午回來，她把飯桌子拉開了，擺在陽臺邊，紅燭高燒，香烟繚繞，室內有一種特殊、肅穆、莊重的氣氛。

桌上擺滿了各色各樣的菜餚，和飲料鮮菓，大女兒皓宜抱著喬喬、干城站在桌邊。

「好了！就等你來！」她把點燃了的一束香交給我，要我分給孩子們，每人三枚，然後說：

「你是一家之長，你先拜吧！」

我恭恭敬敬向天拜了三拜。淑美要孩子們跟她一齊拜，並喃喃地唸著：

「媽媽，今天的菜不好，您老人家也要多吃點，我們跟您準備的錢，您也要帶回去……」

我看到大女兒的眼睛紅紅的，干城傻楞楞站著看他媽媽。

香烟在風裏繚繞，化了的紙錢，也在空中飄舞，紅燭的光輝，映照淑美的眼淚，交互發出閃爍不停的光，是哀思、是虔敬、是天下兒女對父母的孝心，我也被淑美閃爍不停的淚光，感動得說不出話來。

中央副刊一九七五年（六四）八月三十日發表

後記：這篇文章收編在許多文集中，大陸湖北武漢師範大學一位王常新教授來信說：他讀了這篇文章深受感動，尤其對兄夫人劉淑美女士那份「虔誠」，令人敬佩。他說：他已將此文列爲學生閱讀的教材用。

憶我故里蓮花廳

看了這個題目，讀者以爲，我家一定是住在一個風景美好，清香遠溢的蓮花池之上，要不，就是住在一棟古色古香，雕樑畫棟的華屋之中；有亭臺樓閣之勝，復兼荷塘花香之美，令人艷羨。這樣的聯想，應該是沒有錯的。因蓮花固爲花木之名稱，而那個「廳」字，根據辭源的釋解：「廳：屋也。」故蓮花池塘之旁，建一美奐美輪的廳堂華屋，也是合理的發展。

不過，很可惜，這裏所說的「蓮花廳」，既沒有「蓮花」，也不是「華屋」，只是單純的一個地名而已。

按「蓮花廳」乃江西省屬的一個小縣鎭，總面積約一、一一〇平方公里，這塊小小的土地，還是割切、湊合而來的。東面的（又稱上西）來自安福縣，南面的（稱隴西）則屬於永新。由於它說大不大，說小也不算小，更或者，由於它在地理環境上的特殊，稱它爲鄉鎭，不合情理，名之爲縣，又不夠資格——人口太少，土地太小——在這樣的情形下，也就只好在無以名之，名之曰「廳」了。故有清一代，以迄民國，別人這樣稱呼我們，我們也這樣自稱蓮花廳。

蓮花廳，雖爲一偏僻的山城，但文風挺秀，代出賢能，所謂「蘆瀟理學，碧雲文章」，在歷史上，是很有名的。由於交通不便，居民尙保持一種古樸的風氣，民風敦厚，天性純眞、讀書、耕田、克勤克儉，敬業而樂群；因爲這裏是一個典型的農村社會，對於傳統的婚、喪、喜、慶的儀節，一切均遵古禮而行，不可踰越。家族觀念甚爲濃厚，故大都集族而居，大者千餘戶，儼然有宗派社會的遺風。

筆者時幼，對於各種中央、省、縣機關之多，已不復記憶，但學校之多，可以說得上，如「雨後春筍」般的林立，除縣立蓮花中學（含高、初中）外，尙有私立行健中學（含高初中）及國立第十三中學分校（含高初中），其他尙有縣立復禮中學、私立鎵珠中學、和柵田四維中學等，以蓮花這一、一一〇平方公里的小邑，有這麼多中學，當時之繁榮與熱鬧，是可以想見的。比之今日的臺灣，任何一個縣，都有過之而無不及。但可惜，這種畸形的發展與繁榮，有如曇花一樣，隨著八年抗戰勝利的降臨，它又悄然地，恢復了它原有的風貌——古樸、平淡、純淨、敦厚的小山城的本來面目了。

筆者離開蓮花故鄉，大概是三十五、六年的秋天，以一個乳臭未乾的鄉下小孩，隻身負笈六朝金粉的南京，韶光荏苒，於茲又近三十年了！

此期間，爲了逃難、爲了讀書、爲了工作與生活；我走遍了隴海、浙贛；橫渡了黃河、長江，進出說太平洋；馳騁過多少曠野與平原，翻越過多少高山與峻嶺；看過多少名城與重鎮、見過多少瑰麗與雄奇；——任憑它綠草如茵、川原無際；任憑它古木參天，布列森然；都不值一顧。甚至我不喜歡：那人潮洶湧、車聲喧囂；討厭：那霓虹燈花，耀眼若暈；更不愛：那些用人工雕砌琢磨而成的，「勝跡美景」；——哦！我愛，我故鄉的一燈如豆，點點黃渾，所烘托出來的安祥與寧靜。我只愛，我故鄉的農莊草舍、小鎮風情，雖只是一座古舊的小橋、一灣涓涓的清流，均足表現聖潔與純真。

哦！蓮花，我的故鄉，我侷促在山窠裏的家啊！是多麼可愛與溫馨。

多少年不見了，我仍一往情深；爲您神往、爲您陶醉、爲您懷想、爲您依戀而黯然！

前些日子，爲了整理書架，無意中又發現了那份褪了色，復又裂痕累累的「蓮花全圖」，頓時，情緒就激動起來了，未及打開，熱淚就已經盈眶，當我仔細地查到我的老家——良方鄉廈布村，這個小地名時，眼淚就像斷了線的珠子，難以抑止地向胸前洒落，我淚眼汪汪，把一個個小地名，讀了又讀，唸了又唸，我似乎在這張多年不見的地圖上，嗅到了我故鄉的泥土的芳香，聽到了我至愛的、年老的爹娘的呼喚。多少年來，在我的心靈上，總覺得多了些什麼，和少了些什麼。如今，我知道了，原來——我多了的，是這一份沉重的「鄉思」！我少了的，就是那份溫馨的「親情。」

哦！今夜，我要踮起腳跟，伸長脖子，高舉起雙手，拖住天邊的白雲作紙，醮著我的眼淚，寫上我對故鄉的無限相思。願它經過我家門首時，勿忘記爲我的家人，說聲「平安！」並告訴他們：天涯遊子，即將揚帆歸去的訊息。

原刊江西文獻暨青年世紀月刊

一九八八年十二月出版之——江西蓮花文史資料第二輯轉載

憶我的先祖父暨先外祖父

——兒孫好，買田做什麼!?
兒孫不好，買田做什麼!?
外祖父蓮春公語——

我家世居江西省蓮花縣良方鄉廈布村（外祖父家住中淵村）、賀王兩家，歷代讀書、耕田、兼理商工，父子相傳，家道昌盛，子孫繁衍，經久而不衰，實由於家祖父鑑玉公暨外祖父蓮春公的忠厚待人，律己甚嚴，守正不阿所致。

祖父鑑玉公，暨外祖蓮春公，稟賦仁厚，慈悲爲懷，其克己愛人的淑行，二公一模一樣。祖父及外祖父個性均曠達豪爽，疏財好義，喜與鄉人遊，嘗說：「錢財如糞土，仁義值千金。」任何鄉人、婚、喪、喜、慶之事，無不親與其盛，閒時喜與鄉人，飲酒宴樂，不蓄錢財，鄉人有勸其「買房屋、置田產。」二公均以：「兒孫好，買田做什麼？」「兒孫不好，買田做什麼？」相答。鄉人初不識其意，經祖父及外祖父解釋：「我的兒孫好，我不買田地，汝等自己也會買；假如我的兒孫不好，即使我爲汝等營華屋，置良田；汝等也會賣啊！」於是又相互舉杯勸飲，相顧而笑。

祖父及外祖父，都認爲：兒孩自有兒孫福，勿爲兒女當馬牛，我的外祖母也說：「一條蟲兒，有一片玉葉包。」管這麼多做什麼？於是座上賓客、均以二公之言爲是，觥籌交錯，勸菜敬酒之聲更勤，賓客之間的笑得更響了！

外祖父家，一塊田地也沒有，一棟矮矮的房子，住十幾個人；作紙馬生意，還要借用王氏大祠，但他老人家，從不爲沒有房子和田產而焦慮，樂天安命，悠遊自適；我家雖薄有田產，但祖父可能嫌人丁不旺，又從外面收養了二位伯父，把家產分給了他們，大伯父恢緒公和二伯父梅開公都承受了祖父的風範，忠厚和樂，克己恕人；但三伯父儉生公卻染上了吸食鴉片煙的毛病，不僅把自己那份家產，吃賣個精光，連我家的產業也賣了一大半，油店也賣了。最後還是由外祖父，提了錢袋，挨一挨二的贖了回來。

二位老人家，疏財好義，不是像一般人似的出點錢，修幾座橋，舖幾條路，還在橋上刻著名字，在路邊樹塊石碑，以表其功，以記其盛的那種沽名釣譽式的慈善家，或者，救救窮朋友，作些表面工作，贏取別人的稱揚。我祖父及外祖父的作法，卻不是這樣，我想：也沒有人是那樣做的。

我家同外祖父家，每年從正月十五日以後，就開始各種生意，分別進行各種工作——「賺錢」，祖父及外祖父說是：「將本求利」，由於全家齊心協力，一年下來，錢是賺了不少，但一到農曆十二月廿四日前後，『錢，統統就是別人家的了！』這是我外祖母……「秀瓊奶奶」（鄉人對她的稱呼）的話。

這話是怎樣說呢？因爲，每年到了臘月廿四日，過了小年，祖父和外祖父，就帶領了兩家兒孫上路了。二位老人頭上戴了一頂，紅色鑲著黑邊的大風帽，手執一根又粗又長的旱煙管作手杖，兒孫們跟在後面，每人肩上，背了一個口袋、裏面都是一些過年貼的紅門聯，和九天司命灶君、門神等，身材大一點的、背的是銅壳子（我們叫它銅板），先從外祖父門口送起，挨家挨戶，送上紅色春聯、司命灶君；人家門戶大，就送寬大的對聯，門庭小的就送較小的對聯和橫額；有幾個孩子，不分男女，每人四個銅板，今天送這村，明天送那村，等到把各人背上，口袋裏的銅板送光了，也就是年尾除夜了！二位老人，這才互道珍重，說聲「明年見了！」各自返家。這時，我家門首已經貼上了，父親每年親自用正楷書寫，端端正正的那付老對聯：「秉乾坤正氣；承雨露新恩」。橫額是：「瑞氣盈門」。兩扇大門，也貼著：「花開富貴，竹報平安」八個大字，門的兩邊已經插上柏枝和臘葉，以及樣香和樣燭，大廳的正中，紅燭高燒，香煙繚繞，眞是「祥光滿室」，過年的氣氛，越加濃了。祖父一進門，脫下風帽，放下旱煙管、又親自點起了一杜紅色綠柄的香，以最虔誠的心情，馨香祝禱一番。

我家祖父及外祖父，對人生「循廻」的道理，都有一共同的看法，他們都說：「人生富貴（貧賤）不出三代。」這句話初聽起來，好像不甚恰當，但仔細研究，卻是含有高深的哲理，依祖父及外祖父的解釋：凡是大富大貴人家的子弟，多少都帶有一種依賴性，平時仗著有錢有勢，意指氣使，遊手好閒，久而久之，惰性加深，好逸惡勞，不務正業，隨之而生，於是家道衰落者有之，傾家蕩產者有之，流爲盜竊丐兒、最後竟至亡身者也有之，此誠所謂創業維艱、守成亦不易也的道理。

祖父及外祖父，終其一生，不積錢財以遺子孫者，其道理儘在於斯也。故祖父及外祖父以爲家財過多，其子弟必多不能淬厲奮發，以求上進，因循怠惰，不自振作，而招來家道中落……。故祖父及外祖父嘗謂：吾家能數代溫飽無慮，子孫均能克勤克儉，力爭上游，未有一人一事，以貽笑鄉里者，亦即家無產業，倉無餘糧，復不積金銀錢財，而諸子弟知所自勵自勉有以致也。

記得幼時，我的父親，就在全家用膳之廳堂正中的牆壁上，親書「思來處」三字，初不解其意，待讀小學了，才知道有「一粥一飯，當思來處不易」，「半絲半縷：應知物力維艱」之句，乃知是父親警惕吾等姐妹兄弟，要知道生活的艱難之意。故養成我日後生活的謹愼節儉，不吝嗇也不奢侈與浪費的習慣。但，我對於幫助別人，的確有「爭義惟恐不先」的傻勁，這也許就是所謂遺傳吧！因爲我家祖父及外祖父，就是這麼一付個性！

祖父暨外祖父去世，已數十年了，音容已不復記憶，就是連我最親愛的父親也不通音信近卅年了！我的母親，似乎是在我六歲時去世的，印象也甚模糊，如今河山遠隔萬語千言難寄，但願死者安息，生者福壽康寧，誠乃我衷心祈禱也。

王老師的歷史課

我們這一班的歷史，打初一到現在兩年半來，就是校長——張先生親自擔任；愛調皮一點的同學，爲了這門功課，心裏總老感到惴惴不安；其實他老人家平時待我們，的確不怎樣嚴厲，反之，他胖胖的身軀，襯著一頭灰白的頭髮，亮得像銀絲；聲音雖然低沉，但緩慢而有力，充分地表現出，他慈祥、忠厚的長者風度。儘管如此，我們每個人，還是非常怕他；對這一點，誰也說不出什麼理由來。

今天時間已經過了十多分鐘，還不見他老人家來，班長正在叫值日生羅小珍去問個究竟，這時教高三幾何的王老師，卻不聲不響的從後門走了進來。

頓時，教室內有如受驚的蜂窠，嚷哄哄的。

王老師僵硬的站立在講台的前面，他的兩隻眼睛，光芒四射，好像兩顆鋒利的鐵釘子。

同學們鴉雀無聲地立正著，注視著王老師「鐵青」的臉，很久，才從他緊閉的口中，吐出了一聲：「好！」並把僵硬的腦袋點了點，然後才說：「坐下！」——聲音堅毅，短截而洪亮，如百戰雄師的統帥，命令他的兵士一樣。

「什麼課！」他的兩道粗壯的眉毛，皺成了一條直線，有如桂河大橋；兩手合揑住，那條油光的廣籐鞭子，臉上那兩隻發光的鐵釘子，更顯得鋒利了！

「歷史！」他自己說：

「校長，最近因爲工作較忙，無法繼續再爲你們講下去；所以這一門課，從今天起暫由本人來代理。」他說「希望諸位同學，本著過去的學習精神，我們共同來研究……。」

一片「沙、沙、沙」的翻書聲響了起來。

王老師用那根廣籐鞭子，在黑板上輕輕的敲了兩下，「把書本收起來，放在抽屜裏面。」他說：「今天不講書，聽老師講一個故事。」

「好！」回聲齊一而有力，衝動一點的同學，更大膽的鼓起掌來。

王老師把頭點了點說：「上課時，我有一個要求。」他停了一下，像解釋似的說：「這一要求，也可以說是我個人硬性的規定！」

他轉過身去，順手在黑板上面，寫下了六個大字：

「絕對禁止講話！」

他沒有再作任何解釋，——當然，在王老師心裏，是認爲毋容解釋的；但最使我奇怪的，就是平日愛調皮的同學，今天也這樣乖乖地，沒有半點異議，接受了王老師的「要求」，實在是意外。

於是，王老師便滔滔不絕的，把他要說的故事講了出來，他說：

「這個故事，是發生東晉和南北朝時期，」他說：「那個時期以公元來推算，可能是在三一七年，至四一九年之間，在我們現在的熱河和黑龍江一帶的地方，這些地方住了好幾個民族，如通古斯族，突厥族以及東胡和契丹等，其中以東胡、契丹爲最強大，後來由於東胡和契丹的勢力，不斷向外擴張，附近的其他民族，爲他們所呑併，就成爲歷史有名的蒙古民族。

「過了六七百年之後，在這個民族之中，出了一個舉世無匹的大英雄，他姓奇渥溫，名字叫做「鐵木眞」，這小孩從小天眞活潑，聰明伶俐，人人稱讚；他有一個很有地位的父親，名叫「也速該」，但不幸在一次戰役中，被他的一個同族敵人，「塔塔兒」所殺；那時這個小孩，雖然還只有十三、四處，但是他已經知道，糾合群衆，辛勤操練，準備爲父報仇，經他多年的努力，終竟在數次戰役中，不僅消滅了塔塔兒的國家，並且併呑了附近「克烈」、「乃蠻」和其他好些地方，從此這位年青英勇的小英雄，便統一了內外蒙古。他的聲名不僅威震四方，更的的確確的，成了戰無不勝，攻無不克的天下無敵的大英雄了！

「當宋寧開禧二年，公元一二〇六年的時候，各地諸侯小國，更是無不望風歸順，而引以爲榮；「鐵木眞」爲了慶賀他的蓋世功勳，和宣示他的威德，就在那年的秋天，大會各路諸侯——在他的老家鄂嫩河旁。這個人是誰呢？就是——成吉斯汗，也就是後來歷史上，所尊崇的太祖皇帝。

「正當這個時候，偉大的成吉斯汗，所率領的大軍，眞是個謀臣如雨，戰將如雲，民強國裕之際，而亞洲的金人，南宋和西夏……歐洲的匈牙利，波蘭與德國，卻均衰微不振，成吉斯汗的大軍，便趁著這個機會，自亞洲到歐洲，從東方至西方，以秋風掃落葉之勢，施展了他的勇武和神威，諾大的蒙古帝國，就這樣迅速地建立起來。

王老師一口氣說到這裏，停了一會，接著又說：「到了宋理宗寶慶年間，公元大概是一千二百二十多年，成吉斯汗又乘勢佔領了，西方的花剌子模城，及其他許多地方，到他第一次西征，班師東歸之時，蒙古的勢力，已經西到裏海，西北到伏爾加河，南面直抵印度河。開中國領土，橫跨歐亞之先聲。

王老師講到這裏，把手裏那根廣籐鞭子，放了下來，把那條只剩下半截的粉筆，順手丟在黑板的托盤上，用緩慢的腳步，走在教室的中央，然後用不勝其惋惜的聲音說：「是的，我想：天下再也沒有比這更沉痛，更不幸，更使人悲哀的事了！」我們幾十個同學，都屏著氣息，眼巴巴地望著他，我們雖然不知道要發生什麼事，但看了王老師說話的表情及語調，我們的心情也激漾起來，隨著王老師的語聲——惋惜！沉痛！不幸……一句一句的加深了我們內心的哀悼之情了！

他說：「這是多麼不幸，這個舉世無匹的英雄，在班師回來沒有多久，因圍場打獵，他的坐騎受驚，從馬上翻了下來，就這樣不幸的跌死在六盤山下，無可奈何地，放下了蓋世功業，而與世長辭了！

他用急促的步子，走回在黑板的前面，拿起了那根鞭子，他說：「故事講到這裏為止……」話聲未了，外面的下課號聲也響了。

他說：「下課後，把歷史課本拿出來看看。」就邁著大步，走出了教室大門。

我趕緊從抽屜裏，摸出了那本歷史教科書，翻開來一看，才知道王老師剛才講的，就是我們今天所要上的一課歷史。

奇怪，從這次以後，王老師的影子，聲音、容貌，時時在我腦子裏轉，我對歷史這門課，也突然感到有興趣了！

（一個細雨的早晨寫於頭城中學）

聯合報聯合副刊一九六一年（五十）九月七日

臺灣教育輔導月刊十二卷九期

弔女詩人李仲秋

楊柳青青江水平，聞郎江上唱歌聲；
東邊日出西邊雨，道是無晴還有晴。

唐·劉禹錫·詩

有一年大學雜誌社開會，記不起是在光復南路還是中山北路，一處咖啡屋。那次會議的主席是張俊宏（現任立委）。主題說是：爲大學雜誌——革新版面、充實內容、增加篇幅，及吸收更多的優秀作家與作品……張俊宏說著、說著，情不自禁的，從地板上突然站上面前的小桌上，高舉右手，彎起左腿……說是「獨立雞群」……我爲趕寫一篇稿件，沒有聽到他前面說些什麼，就用右手肘碰了碰旁邊的呂秀蓮（現任桃園縣長）問她：什麼意思？她說：大概是以後取稿的內容，要有獨特的風格，或是獨樹一幟的觀念和思想吧……使我覺得滿頭霧水……因爲大學雜誌本來就是「挺前衛的嗎」？由於要去中山堂趕另一個會，也就提前離開了，以後他們說些啥就不知道了。

到了中山堂會議正在進行，趕緊在門口拿了些資料，並在簽到簿上，隨手寫了「大風」二字，另一位匆匆忙忙趕來的是一位小姐，在「大風」的旁邊，簽了「雲帆」二字。

「大風、雲帆」四字，特別惹眼，管簽到的人就說：「你們是一塊的嗎」？

我偷看她：一頭長髮披眉，還有一對深而且亮麗的大眼睛，光澤逼人……

她搶著說：「不是，是先後來的！」

我說：以前不是，現在和以後就是了。在一塊開會嘛！

招待引路的人，怕驚動會場吧！指引我們坐在議場，最後一排兩個空位上。是巧合、是緣份……真的「是一塊」了。沒多久她遞給我一張紙條：

——「我來自風城」。

——「我來自雨港」。寫完、順著光滑的桌面，把紙條推回她的面前。

台上講些什麼，我一句也沒有聽，我想她也是——兩人就好像是：上天特意安排來聊天一樣。她彎下腰從一個信封內取出一首詩：並輕聲說：給您。我看：題目叫：「**網之茫然**」。

網你／以眼波之媚唇笑之盈／以心焰與靈智的焚昇　總欲網一世剛堅鏗鏘的魅力／塑彫瑰麗詩章／溫慰冷寂的旅程　而你／形跡何處　我恆把憧憬迤邐長長／疲憊的撒網　撒網／恆是怨睇網邊氧化的贋體／化作煙塵回歸陌路　卻不知你蒞臨的潮訊／可曾隨緣／這一輪生之旅

讀完詩，我讚美她詩很好。她卻聲帶調侃的說：但是沒有人欣賞。她告訴我有兩份，你喜歡這一份就送你。「請指教」。她客氣的說。

我發現她才華洋溢，但內心似乎深藏著幽怨一樣。於是隨手抄了四句唐詩給她：

少孤爲客早，多難識君遲；（盧倫）

羇旅長堪醉，相留畏曉鐘。（戴叔倫）

這四句詩在那種場合寫出來，它的意思是既曖昧又濛瀧，我相信在當時，我也不懂；她也不懂。更糊塗的是：會議一完，連兩人的地址都忘記留下，就分道揚鑣了——她回了風城；我回去雨港。

在隔了很久很久之後，我才寫了一首：「花之茫然」算是回應或者說：是在追尋……

……

花之茫然——給雲帆

採擷／舉粗壯之臂　踮起腳跟／以暮雲與春樹之心躍昇　久欲擷朵絕世柔美與嬌艷／揉合在詩篇中　不求擲地金聲／但願讀來餘韻芳馨　而您／卻高懸於峭壁之上　我幾經萬紫千紅的花城／從不屑於顧盼　採擷／因羨落月屋梁　而學王維折柳／正伸手　妳卻散作了繽紛　日暮晚汐飛湧／煙波江上的雲帆／滿載人生的緣

緩緩而來　毋學管寧割席／且效蔡邕迎賓

又隔了許久，雲帆來到了新生報，我在中央日報和她通了幾次電話。——人生的許多事，許多奇遇，也許的確難以預料，竟然在一個詩刊上，兩個名字又碰面了，還是同仁呢！我相信她比我參加得更早，她說：「我們仍然當著不認識好啦」！我不知是什麼用意，我遵守了這個「約言」，只在八〇年間評論過，她的一篇詩——「無那」：

總是／尋尋覓覓／覓覓尋尋／捧一束玫瑰花兒自賞／不識誰為知音　花也無語／影也無聲／空寂的數算著一個個銀白長夜／祈禱聆聽死亡的跫音／情也無寄／心也無依／本是一縷輕無牽掛的煙雲／自可揮落一身塵埃／返回上帝殿前詠唱天韻　然而／何以瞑目／那年年的忌日／誰為我撒一把／玫瑰花瓣的繽紛

雲帆的詩，大都以幽怨者居多，而這首詩給人的印象，似乎是「幽怨更深」了！所以基於隱約的情懷，我在文末附了一段寄語：「如果有心結緣，實不應把『人生的帆』，恆是碇泊在江心擺渡，要點燃美人遲暮的豪情，在自家兒生之旅途上，撒散玫瑰花兒的繽紛」。

這篇詩評刊出後很久，雲帆又在一個詩刊上，寫了一首：「嚮往」的詩，作為回應：

嚮往

東風未曾客居我的荷囊，春花未曾留香我的心園／祇欲悠遊世間做那不著泥土的片雲的我／恆念著隨時揮揮手／道別塵凡　而當／默默走過四十不惑的流年／依然接不到羽化請柬／我那望天興嘆的眼／不再不轉而瀏覽人寰　此時／我也想／晴空長征　展翅飛翔／我也想／斬荊劈棘　邁步康莊　然而／誰為我打開心靈的桎梏枷鎖／誰賦我臂力去氣蓋山河　在那飄飄長風的漫漫之歲月中／落後時代輪

轉下的一大截路／使我嚮往的舉足／顫慄徬徨

很可惜，由於教學和採訪雙重工作，壓得沒有空暇，這首發表在葡萄園詩刊八十六期的詩，我卻沒有看到，的確有負詩人，這份「詩心詩情」了！

至於她爲什麼要說：「當作不認識」的話，據說是葡萄園中，時有「伐柯」丁丁之聲——風媒粉傳工程正在加緊進行。如此說來當時的「謹遵約言」，是極對正確的了。有人說「風媒」，造成她與詩社的分合，這是不對的。雲帆是在新生報找到了工商廣告組的記者工作，大概工作忙碌而少與詩社連絡，及從此也很少寫詩了！而「嚮往」就是在葡萄園詩刊上發表的，最後一首詩。

又是過了許多年了，有人告訴我：「她車禍去世了！而且許多年了！」我聽了——悲傷、愴然良久……這的確是令人悲痛難過的，這麼一位天才洋溢，而又命運坎坷的詩人，上天竟不能憐惜，而使她不幸早逝，怎能不令人悲痛！

唉！雲帆：最令我們悲傷、愧疚的是：您去了這麼多年，而我們一些昔日同仁、詩友，連在您的靈前燒一炷香：在您的墳上「撒一把玫瑰花瓣的繽紛」，都不能做到，實在有愧太上之忘情的！但願——有如您在「心的墓誌」中說的：

設若
你先我而長眠
你將依然活著

因爲，我尚未死去。

是的，如今您眞的先我們而長眠了，您的容貌、您的聲音、您的詩，將仍然長留在我們的心裡。願您安息。

※雲帆名李仲秋山東日照人。生於民國三十一年（一九四二）九月廿六日，著有「履痕」詩集一種。是一位非常傑出的女詩人。

花溪尋夢記

花溪，我來了，我看見您，我愛您。

小時候讀書，書本上告訴每一位同學：貴州省近蠻荒，自古名爲黔地——日無三日晴；地無三尺平；人無三兩銀……這觀念，這想法，幾乎在我的心靈中，蒙住了數十年之久。是眞的？抑或是寫書的人，傳話的人，太誇張了？

長大了，讀書、工作，幾乎走遍了大半個中國，鄰近的四川省去了幾次，就是沒有去過貴州。這次因爲探親之便，又有西籬相約，在故鄉江西蓮花，只住了八天，而且其中三天腹瀉不止，經良方醫院的醫生給藥，打點滴，終於停止腹瀉。我等不及痊癒，就從萍鄉搭火車，經廿餘個小時，抵達貴陽。

因爲電信困難，來不及通知西籬來門站接我，我自己心急，把獅子路當作是「花溪」，捨近就遠包了一輛車，就從貴陽市駛至了花溪社區。一路上風光如畫，我忘了找獅子路，我被那彎彎曲曲的溪流，沈靜碧亮的泉水，大大小小、高低參差的叢樹，山邊水源錯落而立的農舍茅屋……，讓我看呆了！痴呆了！迷了！醉了！

由於車子開得快，我相信山徑，樹叢，田隴，野地之間的鳥語、花香、蜂飛、蝶舞，是少不了的，可惜我未能下車去耳聞目睹一番，算是錯失良機了！由此，我又回想小時候的書本上，爲什麼要把貴州，寫成這個樣子嗎？在內心昇騰奔湧起來了——盡信書，不如無書，說得實在對極了！寄望貴州當局，要努力把這種錯誤的報導改正過來才好。貴州今後的發展，就靠這綺麗絢爛的風光就夠了！把所有觀光資源開發後，勝過千萬個「有煙囪的工廠」了！因此，發展觀光事業，應該是貴州省第一等大事。

在花溪街頭的尾端，我把車子倒回來，一路上微風細雨，但見千山萬嶺上的叢樹，綠得更濃了！綠色的風，綠色的雨，綠色的山巒和綠色的田疇，綠得如此醉人、迷人！我被這如夢似幻的風景，再一次驚呆了，看痴了！腦子裡空白得只有一句話：「花溪，我愛您！」

因爲，天上飄著細雨，地上吹著微風，空中有濕濛濛的水霧，每一個山尖上或半中腰，又有輕柔如絮的白雲，像走馬燈一樣，在山間、在樹叢、在田間，游移飄動，緩慢有致，載沉載浮，要說它有多美，就有多美，您把它說是人間，行；您把它當作仙境，更妙！這樣的風光，眞是世間少有，花溪，您實在太美了！

在貴陽住了數天，大街小巷跑了許多，白天的街景，晚上的夜色，我都欣賞過，還是念念不忘「心中的花溪」。第四天我銀西籬，又搭車去了一次「花溪」。由於西籬畢業於貴州大學，這兒有她少年時漫長的「美麗回憶」，事隔十餘年，她說：花溪的一草一木，在她的心裡仍然是鮮明的、甜蜜的、值得追憶的。她說：她的內心對這個地方「懷著一種特殊的感情」，因爲她的母校——貴州大學就在這裡。她說：她寫詩、寫小說，常是交叉進行，常是下午趴在小桌上寫小說，晚上坐在被子寫詩，就是在貴州大學養成的習慣。因爲我愛我的母校，我愛花溪，它們的崇高和悠美，含蘊和哺育了我，給了我一份聖美的心靈，所以我的語言和文字，才能如此純淨、安寧。

那天，我們在花溪公園待的時間最久，那些高聳的叢樹，茂盛得那樣濃綠，層層疊疊，隨風舞踴；那些一片又一片，鮮綠茂盛的草坪，被風吹起一波又一波的草浪，緩緩的推來擠去，景色的確美麗極了。很多的遊客，在草上舖張報紙，就睡下來了。那種溫馨、舒爽之情、快樂、甜蜜之景，任憑您用最好、最美的詞句，也是難以形容出來的。西籬就是要親炙這份美的回味，顧不得自己新買來的白色長裙和黃色的親衫，撐著一把洋傘遮蓋陽光，就在草地上滾起來了。她把嘴抿著，眼睛閉著，叮嚀著我：不要喚醒她——她說：「她要入夢了。」她說：「她在花溪公園徊徉了四年，這四年中的點點滴滴，就要在今天一起追回來。」但是，沒有多久，天就變了，雨也稀稀落落地撒下來了。她硬說下雨最好，有傘嗎？好在天作美，把雨收回去了。她又在一張水泥長椅躺下來，她說：「能有這樣的安寧、純淨，爲什麼不盡情享受？」實在對極了。

公園裡有一條綠色的小河，當然就是「花溪」了！它彎彎曲曲，迂迴蜿蜒地，伴著一叢叢的樹林，伴著一片片的草坪，溪水綠絨般地，有時沉靜安閑一無聲息；有時奔跑喧嘩浪花翻湧，小溪上有許多小拱橋，兩邊有依山傍水的小屋，在朝暾夕暉的映照下，綠草、木屋、溪水、野花、行人、編織成如幻似夢景色，眞的不僅是美，而是令人迷、令人醉、令人把世間的一切憂慮、煩躁，都忘記了。現在我回到臺灣來，然而我的心仍在花溪！

刊現代青年月刊

離家的小白鴿

一

小白鴿原出生在一個鄉下的小農莊，跟牠爸爸媽媽住在一間小小的閣樓上，同住還有伯伯叔叔和衆家的兄弟姐妹，天天在一起，有吃有喝，生活過得的確非常快樂。牠爸爸穿一身灰白色的毛衣，身體強壯，曾參加過好幾次飛行比賽，都飛得比別的鴿兒們，高而且快，故爸爸的脖子上，平常都繫了一條，紅色的緞帶子，腳上也多一個閃亮的金環；媽媽身材較爲嬌小，長年一身潔白如雪的打扮，人都說牠很漂亮。媽媽說：小白鴿從小就調皮，在閣鴿樓的小窠中，爲了爭看窗外的彩虹，一個不小心，就把妹妹擠出窠外，掉到樓下去了。她媽媽整天哭泣，爸爸在小閣樓中，不停地鼓著脖子嘆氣。

小白鴿一天一天地長大了，自己也知道檢拾，放在籠子裡的食物吃了，媽媽就在小閣樓中，教牠張開翅膀，踮起腳跟——試著飛，試著飛。有一天，閣樓中小主人，把籠子的小門打開了，牠不聽媽媽的呼喚，一張翅膀就沖出去了，飛、飛、飛、一下高一下低，好不開心；媽媽在後面喊牠：「回來！回來！」，牠也不管，只顧向前飛、向前飛、飛、飛、飛！就衝在一棟高樓邊、轉了一個急灣——媽媽的喊聲、聽不見了，等牠回頭喊：「媽媽！媽媽！」也沒有回應；牠找不著媽媽了！媽媽也看不見牠了。

小白鴿這下心慌了，不由得大哭大喊起來：「媽媽！媽媽！您在那裡？」最後牠停在一間屋頂上，這時風又大，太陽也大，口也渴得要命，又不知道那裡有水，心裡又驚慌，只好忍著口渴，繼續飛，飛，飛，突然，一隻比牠大了好幾倍的老鷹，在牠身邊飄過來，並幾次在牠前後左右衝撞牠，牠心裡怕死了，牠想逃開，就趕緊向下面垂落，但是，那隻大老鷹，也跟著追趕下來了，還是不停的，從牠的前面後面猛撞，並發出啞啞的怪叫，嚇得小白鴿也趕緊大聲喊叫：「媽媽！媽媽！」那隻老鷹，也許看牠可憐，也就不追牠走開了，總算逃過了一次劫難，牠也才得到了休息的機會，停在一棟樓頂上，牠感覺一點力氣都沒有了。看看天色，好像已經不早了。這時，如果還在小閣樓中，還在媽媽的身邊，該是晚餐的時候了。但是，現在，現在牠中午沒有吃，晚餐也沒有吃，肚子已經餓得「咕嚕，咕嚕」地響了。牠不敢再飛了，也沒有力氣再飛了，就停在這棟大廈的屋角迴檐下，覺得實在很疲倦，睏得很，就把眼睛閉起來了。小白鴿似乎的確，只是閉了一會兒似的，但是，牠把眼睛一打開，卻沒有想到，太陽已經下山了，天已黑了，天上有稀稀落落的星星，地上有更多的星星，牠以為是自己太疲倦了，餓昏了，眼睛發黑了，但牠用勁張開翅膀飛起來，飛起來；結果，牠撞在一道發光的玻璃牆上，眼睛冒滿星光，兩隻翅膀，用力撲打在牆壁上，腳爪在玻璃牆上，「ㄙㄙ」划出尖銳刺耳的聲音，牠也從十幾層高樓，順著滑溜的玻璃牆，滑溜到了地面；這時馬路上，來往的車輛又多，牠的頭和腳，雖然痛得很厲害，牠仍然使勁的，用力以翅膀撲打地面，跳進一堆草叢裡去，草堆裡陰冷潮濕，牠心裡很怕，但仍小心地蹲了下來，牠記得媽媽說過：牠們跟其他鳥類不同，牠們不能棲息在樹上，牠們要停在屋脊上，但是，現在顧不了這些了，牠沒有氣力，牠肚子空著；今夜，牠說：「今夜就只好在這草叢裡過夜了。」

深夜的草堆中，風從四面八方，呼呼吹在牠身上，特別覺得寒冷，孤孤單單的，想起了小閣樓的舒適溫暖，想起了爸爸媽媽和兄弟姐妹，那裡有吃有喝；好好，實在不該不聽爸爸媽媽的話。

好不容易，挨到了天亮，牠奮力張開翅膀，飛出草叢，又用力飛到一棟大樓的屋頂上，牠伸長了脖子，睜大著眼睛，試著向四面尋找，希望能發現一些可以吃的東西，但沒有找到，倒是有一隻黑貓，趴著身體，低抬著頭，尾巴伸得長長的，手直地拖在地面，尾巴尖兒不停的向上捲一捲的，躲在一道矮牆下，兩眼凶狠的，向牠盯著不放；小白鴿想到被老鷹追趕、衝撞的情形，現在這隻黑貓更是顯得凶惡可怕，只好趕緊撲撲疲倦的翅膀，飛到另外一間房子上去。飛過了一條街，牠想飛遠一點，但牠力不從心，想飛到屋頂上，卻在一列房屋的半中間，又順著牆壁滑溜下來了，還好掉在第三樓的陽台上，一道欄杆給牠承接住了。牠剛剛站穩腳跟，就發現旁邊，有一只澆花的水壺，清澄澄的水，還剩下一大半，牠趕忙跳了過去，狠狠地喝了一個飽，牠覺得精神和氣力都恢復過來了，好不開心；正在這時又發現天空中，有一陣鴿群飛過，就在陽台的欄杆上，撲撲翅膀，雖然肚子仍餓得厲害，力氣仍感不足，但牠仍不顧這些，兩腳一蹬，振動翅膀，仰著頭，就衝了上去，但是，任憑他如何使力，都沒有辦法追上牠們，有幾次快要趕上去了，但是牠們飄飛輕盈，強勁有力，一個折轉，又把牠摔得好遠好遠去了。

小白鴿還是不洩氣，又追、又趕上去，好不容易就在轉折的灣弧內，牠已經飛進了，牠們的群伍之中了，但是，那些鴿群卻一下高一下低，好像有意閃避牠，摔開牠，又好像在故意展示牠們的，高度熟練的飛行技巧，來向牠示威。小白鴿力竭聲嘶的大喊：「哥哥姐姐，我不是跟你們比賽飛，我是希望你們帶我回家。」牠一再的不停的大喊，就是沒有人聽牠、應牠。最後，牠只好失望地，從半空中飛了下來，又停在一棟高樓上。這次的運氣，比上次更好，在一家五樓的陽台上，牠看見擺了許多鳥籠，牠知道鳥籠的四周，一定有散落的食物，牠三步併作一步，跳了過去，牠小心觀察了四周沒有人，就在一只大鳥籠邊，撿食那些細小的玉米和穀粒……牠已經兩天沒有進食了，這個機會不能輕易放過，牠要吃個飽；小鳥籠旁的撿拾完了，牠又跳到另一只鳥籠去，正在尋找時，牠意外地發現，就在籠子的前面，有一口大木箱，裡面放了許多玉米和穀物，牠實在熬不住饑餓了，就一頭鑽了進去，吃，吃，吃，牠想：今天我要把這一箱子的玉米，都吃掉……明天，才有力氣飛回家去。

正當小白鴿埋頭大吃，沒有想到門外一個紗網，突然從上面罩了下來……牠便被紗網罩住，動彈不得了。

小白鴿從木箱中，被提了出來，放進了另一只空的鐵絲籠中，就和那只大鳥籠，並排放在一起，主人立刻把水和一盒玉米穀粒放進了籠中，就迅速的將籠子的門拉下，就笑嘻嘻的走了。小白鴿氣得「咕咕」的，在籠子裡亂撞，並不停的哭泣，不停地呼喊牠的爸爸和媽媽……放在牠身旁的那只大鳥籠中，穿著一身艷麗的衣服，身材高大的鳥哥哥卻不停勸慰牠：「不要哭了，哭也沒有用的。」牠說：「你爸爸媽媽，是聽不見的。」小白鴿雖然沒有回答牠，但是，牠仍然繼續的說著：「這裡，唯一的好處，就是不愁吃，不愁喝……所以，您如果能吃，就儘快多吃點兒東西吧！」牠轉過身去，就用牠那粗壯且尖利的嘴，用力地啄幾下，籠子上那扇小門，然後頗有深意地說：「我們都犯了同樣一個『毛病』！才落得今天這樣的『結果』呢？」

二

小白鴿關的這只小鐵籠，比起牠家裡的小閣樓，實在小得太多了，只能前後左右轉動一下身體，想舒張一下翅膀都不行，這日子怎麼好過；牠天天抬著頭，望著天空，因爲藍天中，時常有成群的鴿哥哥、鴿姐姐在這兒飛動，牠總是仔仔細細地觀看，牠希望爸爸就在裡面，因爲爸爸脖子上，有一條紅色的緞帶，不管爸爸飛得多快、多高，牠都能看得出來，一天，兩天，三天，五天……都過去了，就是沒有爸爸的影子。牠失望了！

小白鴿說：我日日夜夜盼望著，爸爸媽媽能從這裡經過，我不是期望爸爸媽媽，能把我放出去，我只是想：如果能見爸和媽，我只要告訴牠們一句話：「不管能不能回到爸爸媽媽的身邊，我一定要做個好孩子。」

時間就在這種盼望、等待中過去，牠已經習慣了這裡生活；聽畫眉鳥唱歌，聽鸚鵡哥說話；只有九官鳥最討厭；牠每天學小白鴿的啼聲——扮鬼叫；九官鳥還說：所有的朋友歌聲都很甜美，就是小白鴿的歌聲最難聽。所以現在牠從不哭，也從不啼了。

但是，小白鴿很自信，牠有很多朋友，每天都上和晚上，看見籠子外的小麻雀和白頭翁，來撿拾散落在籠子外面的玉米和穀粒時，小白鴿故意一大口，一大口的把食物從小盒子裡，啣到籠子的外面讓牠們飽餐一頓回去，白文鳥身體雖然小，但與牠自己模樣兒很相似，牠最喜歡，牠來了小白鴿總是挑最好的——顆粒精圓、外表光亮的小米，用腳爪從籠子裡撥出來，讓白文鳥弟弟吃；斑鳩姐姐更是小白鴿的好朋友，不僅身材大小一樣，啼叫的聲音也相同，只要斑鳩姐姐一來，小白鴿就快樂極了，把好吃的都給牠，斑鳩來時，都是每天的中午，這時主人睡了，其他的同伴也各自在籠子裡，閉起眼睛休息，小白鴿和斑鳩，總要嘰哩咕嚕一番，談個沒完沒了。尤其這一次，斑鳩姐姐告訴小合鴿，一個天大喜訊；斑鳩姐姐說：「明天……」牠小聲的：「明天，我會帶一個會開門的朋小白鴿一聽，眞是高興得快要流淚了，就在籠子裡，頭向下尾巴向上，「咕嚕嚕……咕嚕嚕……咕咕咕」的唱了起來，斑鳩趕緊放低了聲音說：「別緊張，明天牠才能來呢！」說完就向小白鴿說了幾句安慰的話走了。

小白鴿實在太高興了，趕緊喝些水，又吃些玉米，抬頭看看藍天，牠巴不得太陽馬上落下去，天快點黑，夜就來臨了；但是，牠感覺太陽公公，就是要和牠作對一樣，老是停止在對面的屋頂，牠實在分不清是興奮、還是緊張，總之，如果明天能出去，我一定要向斑鳩姐姐和開門的朋友，說千聲說萬聲「謝謝」之後，第一件事，就是到小河邊去，把身上的羽毛整理一番，用翅膀撲著水面，洗個清潔的澡，一身乾淨，沖到天空中，要飛得高，飛得更遠，飛個飽。正想著，陽台的門開了，主人又拿了水和食物進來了，小白鴿心裡想：「不必費心啦！明天，我就不吃你的這些東西了！」牠激動的：「我要飛上天，飛到海洋，飛到森林，自己去尋找食物……想著，想著，小白鴿眞的閉上眼睛睡了！」

第二天一清早，仍然是畫眉鳥那一串悅耳動人的歌聲，把小白鴿從夢中叫醒的，今天牠特別高興，忙著向畫眉鳥、黃鶯兒、八哥……喊早安！連平常牠就討厭的九官鳥；奇怪，今天在牠心裡也覺得非常可愛一樣——「嗨！九官鳥哥哥，你，早安！」小白鴿自己也感覺到，這一聲「早安」是專門爲九官鳥叫的，聲音特別高亢、清亮……小白鴿心裡在想：「中午以後，我就要走了，再見了！」

因爲天大的事就要發生了，所以小白鴿的心情是越來越緊張了，牠不斷地喝水，不斷地啄食玉米，並揀大顆大顆的，啣在嘴中，然後又刻意地吐出來，牠發現自己好像有過剩的精力，不得不在籠中的橫木上，跳上又跳下……就在這一刻，屋簷下一個影子，飛過來，飛過去，有好幾次，小白鴿知道，一定是斑鳩姐姐和牠的朋友來了，牠這才警告自己：「要把心安靜下來。」

「你好！」不是斑鳩姐姐，而是一位新客人。

「您好！」小白鴿顯得特別高興：「是斑鳩姐姐，請您來的嗎？」牠一面問，一面將上好的玉米，用一腳撥出來，請客人吃。

「我叫牡丹雀」，斑鳩姐姐說：「你待人很好！所以……」，「所以……」

小白鴿細細打量，牡丹雀穿了一身七彩的衣衫，雖然身材略小，但手足粗壯，嘴喙尖銳，而且帶有一個小鈎，看起來的確結實有力。

牡丹雀吃了幾顆小米，就將漂亮的身體靠近籠子的旁邊，輕輕的說：「你準備好了嗎？」聲音的確很小，但很沉著。小白鴿這下更相信，是救命恩人來了。牠默默點頭，也輕輕的說：「我等你很久了。」

牡丹雀一聲不響的，爬上了鐵籠，然後倒掛著身子，用那個尖銳的嘴喙，鈎起了鐵籠的小門，小白鴿一看「門開了！」一衝就飛出了鳥籠，就在對面的屋頂停下來；斑鳩和牡丹雀跟著就來了。三個人擁抱在一起，小白鴿立刻又頭向下，尾巴向上，脖子鼓得像氣球──「咕、咕、咕；咕嚕咕……」向斑鳩和牡丹雀不停地旋轉、貼摩，貼摩又旋轉，高興得不得了。翅膀一張一起又沖上天空，在藍天白雲下，飛了一會兒，一個俯衝又回到了地面；牡丹雀因要先行回家，斑鳩姐姐也跟著說要告辭，並向小白鴿說：「以後的一切，就靠你自己了。」話剛停「拍拍」兩聲，就飛上天空去了，遠了！只見一個黑影，在雲中飄拂，一眨眼，連那個黑點也消失了。小白鴿睜著眼睛張望，只見天空的白雲，地下的輕煙兩種東西，都是遙遠、縹渺，牠心裡也這樣想：如今雖然被救出來了，但爸爸媽媽不見了，親人也不見了，眼前的一切，就像天上的雲彩，地上的野煙，那樣飄忽，飄忽……

小白鴿想著，想著，好像有很多的無奈，只好又鼓著翅膀飛，飛、飛，飛離城市，飛過農莊，前面就是汪洋無邊的海，牠看見雪白的波濤，牠生長在農村，從未見過大海，心中有幾許好奇，也有幾分驚喜，還有太多的恐懼……儘管有這麼多——複雜的、紛亂的想法，但是，牠還是決定，要飛下去看看才甘心；牠下降，牠低飛，緩緩的飛，幾乎在水面飄著，飛，飛，飛；牠覺得比在陸地上飛輕快多了，心裡很是高興，幾次想在一些礁石上停下來，但每次快要接觸到礁石，兩隻腳又不由自主的，縮了回來，翅膀一伸，又飄飛起來了，牠又衝向遠處的波峰濤巔，跟波浪升起、沉落；沉落、升起，一波又一波，一浪又一浪，小白鴿覺得刺激，好開心；由於飛得太低，水花將牠的羽毛弄濕了，牠才將自己拉高，飛過一層又一層波濤，找了一塊礁石停下來；礁石很滑，海風又大，小白鴿把雙翅張開，這樣可以使身體輕輕浮起，不會被吹入海中，更重要的，是藉著東風，把濕透的羽毛吹乾……

小白鴿正在梳理羽毛，一隻矯健活潑，號稱世界上最善於飛行的信天翁，突然飛臨到牠身邊，小白鴿嚇得退後了好幾步，把翅膀也收攏了，站在一旁。

「朋友，您好！」信天翁說：「你是剛剛學習飛行嗎？」小白鴿不敢回答，信天翁又說：「我願意和你做朋友；我看你飛行，已經好久了。」他說：「請不要生氣，你這種飛行方法，是不適宜在海上飛行的。」小白鴿聽到信天翁沒有惡意，也就放心的靜靜的聽著。信天翁又說：「活動在大海上的海鳥，大多數除了能飛之外，都會游浮在水面，更要能潛入水中，而滑翔的技能要更好，通常要能數小時，不必拍動翅膀，也不會從空中掉下來，而你並沒有這種技能，要想在大海中，過你想像的海上生活，是很困難的。」

小白鴿本來想在大海邊停下來，現在聽了信天翁這麼一說，覺得實在很有道理，就毫不猶豫地，飛離了大海的礁石。並由信天翁將牠帶到海岸邊，告訴小白鴿說：「朋友你還是回到陸地去吧，不要飛到海邊來，再見啦！」信天翁就回頭了。

「再見啦！」小白鴿回答，牠低著頭向下看，有一片樹林，遠處是一片平原，甘蔗園、菜圃，還有魚池和荷塘……然後農田茅屋、村舍……都出現在眼前，牠知道牠已經回到鄉村來了。

「嗨！小白鴿。」是白頭翁的聲音，在一叢竹林，掩蓋著的農莊屋頂上，小白鴿和白頭翁相見了。

「你好，白頭翁。」

「我真高興見到你。」白頭翁說：「這裡有你的許多朋友——小麻雀、野鴿、山雀、畫眉、紅嘴烏鴉、黃鶯兒、小白鷺、金絲雀……以後就在一起玩吧！」

小白鴿也高興的說：「有這麼多的朋友，的確是很好，但是，我還是想回家，想早點看到我的爸爸和媽媽……」小白鴿說：「我想：爸和媽也一定很想念我的。」

——牠迎著風撲撲牠的翅膀，就說：白頭翁，「再見了！」

小白鴿又繼續牠尋親的旅程。

三

小白鴿告辭了白頭翁、小麻雀牠們一批朋友，又順著風一路用力飛去，飛過了無數小溪，飛過了一大片又一大片的田野；飛過了一座座的城市和鄉村，也翻越了一層又一層的高山和叢林，來到了一處深山中。這深山中的野草叢生，樹林茂密，樹幹畢直又高而且粗大，枝葉繁複，空氣新鮮得很，牠低飛、盤旋，小心觀看，突然，牠發現了一棟像涼亭、排樓一樣的建築，看起來污黑黑的，瓦簷不全了。小白鴿心裡想，一定很久沒有人住，也沒有人從這裡經過了。

小白鴿這次學乖了，牠沒有像從前一樣，一個俯衝就下去，牠緩緩的低飛、盤旋，仔細地觀察，把這破舊的古屋，前後左右看清楚了，才落下去停在屋脊下；「咕嚕……咕嚕」的啼了幾聲，也不知道是驚懼，還是高興。牠感到太累了，的確需要休息一會，而且，天色已近黃昏，小白鴿跟自己說：「今天，就要在這裡住下來了，趁著天未全黑，要沒法找些東西來吃。」

看看在屋的下方，有一塊不大不小的平台，長了許多綠油油的野草，牠已經學會了自己尋找食物了，牠想：平台的地上，一定可以找些野菜的種子，塡飽肚子，於是「拍拍」翅膀，就循著山的斜坡，滑飛到了平台；自己會尋找食物充饑，這是牠這幾天來，學會的本事，也實在使牠太高興了。因此，牠對白頭翁、斑鳩姐姐和小麻雀牠們，特別心存感激……被人關在籠子裡，雖然不愁吃、不缺喝，但是，那裡有我現在這樣逍遙、自由和自在呢？自己要去找食物吃，也許辛苦一些，但是不管怎樣，我都是願意的，我就是喜歡這片寬廣的天地，自由自在的生活。

平台上的野菜、野果，生長成的種子實在很多，牠匆忙快樂地挑選啄食，一面又想到小麻雀和白頭翁牠們說的：「種子可以吃，小昆蟲更好吃。」但是，小白鴿就是不願意吃那些小昆蟲，牠覺得太殘忍了，尤其當牠知道，那些隨風飄舞、穿梭在花間的蝴蝶，也是從蟲蛹變過來的，牠更不忍心去吃牠們了。小白鴿說：「那天在農莊的小溪畔，一隻美麗的蝴蝶，還陪著牠飄飛、飄飛，小白鴿清楚的記得：牠初從小閣樓中飛出來，媽媽不見了，在房屋頂上哭著，就是一隻蝴蝶飛過來，飛，飛，飛，繞著我，不停的飛，那時我的飛行技術，還不太高明，我看了蝴蝶的飛舞、輕飄，才學得了經驗……」牠這樣想，那些小昆蟲，更是不能吃，不想吃了！

太陽下山了，深山中的一切能動、能叫的，都安靜了，我找了屋檐下的橫樑，暫時好落下來，旁邊還有幾隻小鳥，牠們都開始睡了。牠們大都把頭埋在翅膀下的羽毛中，據說：這樣可以保暖，我只緊緊的靠在橫樑邊，縮著脖子，把眼睛閉起來，半夜我被一陣哭聲吵醒了，我仔細聽著：「咕咕！咕咕……」是和我一樣的聲音，因爲天很黑，我不知是從那兒傳來的，但是，聽聲音，我曉得離我很近。因爲牠不停的哭泣，我也一夜沒有睡著，我是在等著天亮。

有一隻紅尖嘴，全身烏黑，尾巴長長的帶著雙剪，有如燕子，牠起得最早，天還沒有亮，牠就在和蝙蝠，一起在屋簷前、樹林邊，飄飛來回，隔了片刻，其他的鳥也吱吱喳喳地，彼呼此應鬧熱起來了。小白鴿沒有忘記夜晚的哭聲，牠也趕緊撲撲翅膀，從屋檐下飛出來，站在屋檐上「咕咕！咕咕」的叫了幾聲，不久在左側的屋檐下，有一個通風的小洞口：「咕咕！咕咕！」就是從那兒傳出來的，小白鴿立刻飛過去，趴在小洞中向裡面問：

「我是小白鴿，你是誰？」

「咕咕咕，咕咕咕！」一種帶著憂傷的啼聲，並無力的說：「我叫小灰鴿，我受傷了！」小灰鴿說：「我三天沒有吃東西了！」

小白鴿一聽，「受傷了！」心裡非常著急，就問：

「小灰鴿，你還飛得起來嗎？」小白鴿說完，就跳到小灰鴿的身邊，見小灰鴿一點力氣也沒有，才猛然記起來，「牠已三天沒吃東西了。」就趕緊的說：「小灰鴿，你安心在這裡等我……」不一會，小白鴿就從平台找來了許多食回來了，並一口一口吐給小灰鴿吃了。

經過三四天之後，小灰鴿雖然還是飛不起來，但是牠已經可以站到小洞口邊來，和小白鴿一起，觀看山中的風景了。牠跟小白鴿說：「你救了我的命，我不知道要怎樣來報答您！」

「小灰鴿究竟是如何受傷的？」據牠自己告訴小白鴿：「五天前小灰鴿的爸爸和媽媽，參加『南迴比賽』，不幸遇上了颱風，被吹散了，爸爸不知去向，媽媽被吹進了山谷，死了，牠被一棵大樹擋住，僥倖落在這座『古宅』上，現在倖虧又遇到您……」

小白鴿聽到：「爸爸媽媽都失散了！」自己又受了傷，不僅非常同情，也格外難過，因爲牠自己，也算是失去父母的孤兒了。因此，物倆由於境況相同，相處得更加融洽，小白鴿除了每天啣各種小種子，給小灰鴿吃之外，就陪著小灰鴿在洞口邊唱唱歌，欣當山林景色，生活很是快樂。

就這樣，每天朝陽從東方升起，晚上從西山落下，不知不覺十幾天過去了。小白鴿又到平台，找尋食物去了，小灰鴿就站在洞口邊，拍拍翅膀，感覺輕鬆有力，似肚一點酸痛也沒有了，牠高興極了，等小白鴿回來，牠就拉著小白鴿，飛出了洞口，這個小窠巢，雙雙在樹林中，穿梭來回，高浮低蕩了一會，又回到小窠中，小灰鴿說：

「小白鴿，我眞的好了。」牠撲撲翅膀，又說：「你看，好輕鬆；你救了我的命，你永遠是我的好朋友。」小灰鴿一面說，一面把尖尖的暗紅色的小喙，摩著小白鴿的脖子，上上下下的滑動，樣子非常親熱、甜蜜，牠說：「小白鴿，你眞好，我要每天跟著你飛，你到那裡，我也要跟著你去。」

小白鴿說：「我要飛出深山；我要尋找我的爸爸和媽媽。」

當小灰鴿知道了，知道了小白鴿是如何飛到這深山中來，這一段故事後，一種「同是天涯流浪人」的感情，就從心裡產生出來，相互了解得更深了。每天高興時，雙雙沖上天空，一前一後，或是一左一右，忽上忽下，比肩比翼，昂首、俯衝、低飛、輕飛、折轉、盤旋；天天在樹林中飄飛，而滿山滿谷，都是青綠蒼翠，而牠倆一白一灰；無論早上的晨曦，黃昏的晚霞，中午的炎炎陽光中，都映照著小白鴿和小灰鴿的影子，山中其他的小鳥兒，都因牠倆的幸福，快樂和蜜蜜甜甜的生活，而羨慕不已呢？

春去秋來，小白鴿和小灰鴿，就在深山古屋的迴廊下，那個通風的小洞中，營巢作窠，如今又有了兩隻小鴿子小孩了。一家四口，生活過得眞的像神仙家庭一般，尤其兩隻小鴿小孩，健康活潑，天天跟在爸爸媽媽的身邊，唱歌飛舞，好不快樂，而且，一天一天，被小白鴿訓練成爲飛行的健將了。牠心裡充滿喜悅，而且每天在想：「該是出山的時候了！」

有一天，黃昏已降臨山中，樹林中的鳥雀兒，都帶著一身疲累回來了，小灰鴿也同往的日子一樣，緊靠著小白鴿，肩併肩兩片尖尖的嘴喙，從小白鴿的頭頂，到頸項，不停的親著，牠倆全身的羽毛，被晌晚的涼風，掀得一片片，輕輕翻起，涼快極了。小白鴿說：

「你知道嗎？」牠問小灰鴿：「八月了，一年之中，唯有這個季節，最適宜旅行了！」

小白鴿不等小灰鴿回答，又說：「我想飛出深山去；我的確非常想念我的爸爸和媽媽……」

小灰鴿一聽，高興的說：「我也這樣想，已經很久了。」

小白鴿和小灰鴿商量好了，就開始選定啓程的日子。小灰鴿說：「一定要沒有風，沒有雨，太陽不大爲最好，但是小白鴿的要求很簡單，牠說：『只要沒有下雨就行了。』因此，最好就是明天。」

小灰鴿卻覺得，這樣匆匆忙忙的走不好。牠說：「我們住在這裡好幾年，鄰居好友待我們一家都不錯……」牠說：「我們要走了，不能一家一家去道別，我們明天去採摘一些種子食物，擺在門口，算我們請一次客，告訴他們我們已經出山了，這些食物，就算我歡宴牠們……」

小白鴿覺得很有意思，同意了，說到做到，立刻開始，於是一家四口，到山林各處，去尋找食物。有栗子，有玉米，有豆子，有菜子……搜集好了趁著夜色，一樣一樣，擺在小窠巢的門口，第二天天還沒有亮，就悄悄上路了。

深山中的霧氣很重，幾乎看不見東西，小白鴿領頭，撲撲翅膀，一飛沖天，牠抬頭，向上飛……牠說：衝過重霧、山嵐，陽光就在眼前了。小灰鴿緊跟在後面，兩個孩子也緊跟媽媽左右，保護著媽媽，牠們一次又一次，在空中穿雲、乘風、破霧，還有微微細雨；接連飛了三個小時，小白鴿突然在一堆白雲中，作了一百八十度大轉折，然後又急切俯衝而下……果然，前面就是一片平原，隱隱中有農田、房屋了，小灰鴿非常高興，兩個孩子從來就沒有飛出深山，也從沒有見過廣大的一片農田，成堆成叢的房屋……更好奇，也就飛得更起勁。

最後，牠們來至一處農場，就在這兒停了下來，這裡有食物，有水，正是經過長途飛行後，休息的好地方，兩隻小鴿子，從來沒有接觸過平原，以及其他屬於平原的事事物物，就更不用說了。所以牠們兩個，對農場上的一切，都覺得驚奇、新鮮，就在農場上飛過來、飛過去，好像一點也不覺得疲累一樣。

黃昏後，城市和鄉村的電燈都亮了，兩隻小鴿子更覺得驚奇，白天牠倆跟著公路上的汽車飛，現在又繞著一盞盞的光亮的路燈飛，飛，飛，這世界對牠倆，實在太新奇了。

小白鴿爲了尋找爸爸和媽媽，攜著小灰鴿，也在四處眺望，牠心中的小閣樓，幾年來從未忘記過，明天，將從這裡繼續出發，牠在心裡念著。

一天過去了，一個月過去了……牠們尋遍了好幾個城市，也找過了無數的鄉村，終於，在一個炎熱的中午，牠發現那座小閣樓了。

牠大聲呼叫小灰鴿：「我看見了一小閣樓，那座閣樓就前面……」小白鴿激動起來了，一個俯衝下去，就情不自禁地大喊：「媽媽！媽媽！」小閣樓的鴿群，卻沒有一個理睬牠，牠伸長了脖子，仔細觀看，有沒有戴紅色緞帶的人，因爲牠爸爸是比賽得獎過的英雄，脖子上總是繫著一根紅色的絲帶，但是沒有看見，牠想去問問牠們，牠就飛到鴿群中去；出乎小白鴿的意外，牠們卻一齊圍上來，攻擊牠！用尖喙啄牠！牠一再躲避，一再逃開牠們的攻擊，最後站在小閣樓的最高處，高聲大喊：「媽媽！媽媽！我回來看您了！」喊了好久，都沒有回音！

牠一連去了好幾天，好幾次，也喊了千遍萬遍，牠的爸爸和媽媽，就是不出來認牠……

最後，牠只好帶著妻子小灰鴿和兒女，再回到深山中去了。

牠說：牠不喜歡城市，也不喜歡農莊，又不喜歡城市中的一切……牠說：這裡一點人情味都沒有……

一九九〇年八月八日父親節寫

後記：一九九二年九月廿九日世副發表時署名劉淑美，因內人任幼稚園園長，本擬定寫五篇：小花狗和小貓、金魚及陽臺上的小花等作爲補充教材。後因故，其他各篇未完稿，實在可惜。

遲開的花朵

一

大概是一個除夕的前幾天，我同爹到鎮上，採辦一些年貨，爹說，我已經是高三了，他要替我買一件像樣的衣服。可不是，明年就是大一的學生了，我想：那時，有多神氣！

正走著，突然一個騎單車的「大男人」，在我們的身邊「剎」的一聲停了下來。爹首先和他熱烈的握手，我站在爹的背後，打量他。當時，我直覺的感到：他說話的聲音令人聽來愉快，風度英俊而瀟脫。他發現我在注意他，特地向我點點頭，爹就介紹說：「啊！這是我的大丫頭！」接著爹又命令我：「質彬，叫叔叔。」

對這樣的稱呼，在以前，我會毫無考慮地喊出來的。但這次卻例外了，說不上是不甘願或是猶豫，總之，我遲遲不欲啓口。

正在爲難，他爲我解圍了，他說：「不，不，叫我李老師好了！」雖然我不滿意，他那種自我封王的作風，但心裏確實平靜了許多。

爹把我家的住址寫在一張小紙條上交給他，他跟爹握握手。就跨上那輛破單車，輕飄飄地走了。

奇怪，我的心裏頓時產生一種說不出的迷惘與惆悵。我覺得多少年來修築起來的少女堅實的城堡，頃刻間就傾頽崩潰了一樣。爹告訴我，他在××中學校裏當老師，他的名字叫「李平」。

我盲目地跟在爹的背後走著，「質彬，叫叔叔」，這句話，不停的在心裏升騰、翻滾，「爹，你爲什麼要讓我叫他叔叔？」多彆扭，我已是十八歲的大姑娘了。

從街上回來，我把自己關在書房裏，伏在桌上沉思，眞奇怪，心裏悶悶的，老是想放聲大哭，覺得哭一場才痛快。

打開日記，剛一下筆就不由自主的，寫上了「李平」兩字。該死的，他的名字爲什麼老是記在我的心裏？

閉上眼睛，他的影子，就在面前晃動。

他那高高瘦瘦的身材，雖然顯得有點單薄，但他是瀟灑的；他肩背寬濶，走起路來昂首挺胸，啊！這天殺的，說話時態度是那樣輕鬆飄逸，他似乎有一股神聖不可侵犯的氣概，但又似乎摻雜著濃厚的自卑成分，說他驕橫，又似謙和；看他熱情，又像冷淡……

……

今夜，我情感的堤防，有生以來第一次決口了，思想的洪流如怒潮一樣澎湃著。我實在想的太多了，我曾一再提醒自己，「不要再想他了！」但阻止不住內心這太多的思維。

一靜下來，心裏就浮起了他的影子，又情不自禁的爲他塑造出各種各樣的造型；雖祇一次見面，他給我的印象是多麼的深啊！

在許多個夜深人靜的時候，我也曾反覆思量；我跟他只是一次偶然的相遇，我就死心塌地的爲他傾倒，爲他心醉，是否值得？但每當我立意回頭，卻發現我對他的思念愈深；我喜歡他的微笑，我喜歡聽他說話，他的眼睛，他的嘴、頭髮……我越是想阻止我的思想，結果是想得愈多，想得愈遠。

日子在思念中過去。一個晴朗而有風的天氣，我家門鈴響了，打開門迎進來兩位客人，一位是王伯伯，另一位竟是他——「叔叔」，我趕緊把那本幾何作業簿收起來。我不知道說什麼好，我的心卜通卜通跳個不停，低著頭不敢看他。我爲他們泡茶，卻把熱水瓶的蓋子及瓶塞掉落在地上，那隻熱水瓶蓋，竟叮噹叮噹地滾到沙發背後去了，當時使我緊張慌亂，窘態畢露。

把茶泡好，我想：我去叫爹回來，但一記起那一句，「質彬！叫叔叔」的話，我又不甘願去叫爹了。

王伯伯告訴他，我的母親於三四年前過世，一家大小事務，都落在我的身上，晚上還要上夜校……

提起媽，我的鼻子發酸，想哭。他走過來。他說：「別難過，沒有娘的孩子靠天照應。」我想！他應該是堅強的。

原來，他也是六七歲時就死了母親。他說：他從小就知道！極力提醒自己，在任何場合，都不能表現出自己是一個沒娘的孩子。

我聽他的話，打從心底敬仰他，更覺得無限的安慰。

那天，他像兄長一樣，哄著我說笑，陪著我玩樂。我發現，他思想敏捷，想像力豐富。這一天我笑得最多，也最開心，我想：這是十八年來少女生活中最快樂的一天。

有一次，我從外面回來，「叔叔」又同爹在促膝長談，爹一見我，又說：「質彬，叫叔叔。」我頭也不回，就往我房裏跑，我把門關起來。他那裏是我的叔叔呢？爹是讀師範的，四書背得滾瓜爛熟，難道忘了「名不正，言不順」這句話？爲什麼老教我喊他叔叔？我就是不叫，一百個不甘願叫他「叔叔」。

「叔叔」跟爹是好朋友，一見面就談個不停。奇怪，我竟慢慢的妬嫉起來了，每當他們談得起勁時，就希望對面的劉伯伯或張伯伯走過來說：「老文快過來吧！三缺一哪！」這樣我就開心了，平常我不喜歡爹打牌，但「叔叔」來了，我卻喜歡爹打牌，打得愈久愈好。

「叔叔」對文學有興趣，他喜歡和我談一些文學方面的名著，尤其是一些寫作方面的技巧，但我老是聽不進去；我常常藉機提出一些人生方面的問題，但「叔叔」總是顧左右而言他的避開了，要不然就說我年紀太小，對這些問題懂得不多，不和我談。這眞使我生氣了，我總在心裏這樣想：快十九歲了，還小嗎？爹要我叫你「叔叔」，你眞想做我的「叔叔」了！

儘管「叔叔」他當把我做小孩子，但我對「叔叔」，的那份情感，卻暗暗的在滋長，甚至可以說：有增無已呢！

我們相處半年多，在表面上，我似乎仍和已往一樣，白天做家事，晚上去讀書，但我自己知道，我已開始在變了；我愛打扮自己，偷偷的在書包裏放一個小鏡子，高興時在胸前掛一個扣花。就連面霜、花粉一類的東西，我也有了。

學校裏規定頭髮與耳尖齊平，我極力反對，我不喜歡那種清湯掛麵式的娃娃頭。我越來越喜歡與人相處在一起，而且笑口常開，談笑風生。同學們都說我比以前風趣多了，更奇怪的，現在我對於宇宙間的一切事物，甚至任何一種微小的東西都覺得非常可愛。

每天去夜校，我總要繞著圈子，騎到「叔叔」的學校門口，轉上兩三圈，我希望在那種燈火明滅的林蔭道上碰到「叔叔」，他微笑的向我招呼，我就跟他並肩走一段路，甚至希望他送我到學校。雖然十有九次都是撲空，但我情願那樣繞個圈子；我愛那林蔭道的樹木花草，石子路雖顚簸得厲害，我也覺得這是一種享受，尤其是從「叔叔」他們宿舍裏映出來的燈光和人影，這對我更充滿了誘惑。

又是一個星期六，我刻意把屋子裏的東西整理了一番，並且在張伯伯的花園裏摘來兩株潔白的百合花和薔薇，屋子裏擺上花顯得生動多了。我帶著興奮的心情坐下來，等候「叔叔」的降臨，心不在焉的翻著昨天的報紙，眼睛卻不時地投向門外。

八點，十點！……啊！都十一點了，還不見人影，我漸漸地覺得心在慌！……

天黑時，小黃狗搖著尾巴從籬笆外面跑進來，我敏捷的站起身來。在暮色蒼茫中，「叔叔」微笑地進來了。我迎上去，他手裏提一隻網籃，裏面裝了許多書和一些零碎的東西，一進門就說：「質彬！這些書都送給妳。」停了一會兒，他又說：「明天我要走了。」我癡癡地凝視著「叔叔」，說不出一句話，我像一個長久受委屈的孩子，這一下我眞想放聲大哭了，眼淚像斷線的珠子，自臉上滑落。

「叔叔」默然不語地站在那裏，這時，寂然無聲，只有壁上的時鐘與我激動的心跳應和著，我頓時感到人生凄迷，夢也蒼茫……

「質彬！告訴你爹，說明天我不來告辭了。」他說。

「你不能多坐一會嘛！」強抑住心裏的情感。我有千言萬語，卻不知道說那一句好。

「我還有很多公事要交代……」他猶豫了一會，又說：「質彬，我走了，當妳孤獨、寂寞、煩悶的時候，請你記起我。」他的一隻手剛伸出來，但又縮回去了。他說：「我會永遠爲你遙致鼓勵與祝福！」

就這樣，叔叔披著滿天星斗和風露，走出了我家的大門。我默默的目送「叔叔」的背影遠去，連一聲「再見」也不敢喊出來。「叔叔」你知道，我心裏有多難受呀！

半個月後，「叔叔」才寄來一封信，我喜出望外，但一看寫的名字是爹，我故意連瞟也不瞟一眼，更懶得看了。雖然我心裏是那樣眼巴巴的想知道他的一點消息。我不希望自己的名字，只附在信尾的小角上，連一些安慰和關切的意思都沒有，我所渴求的是「叔叔」情感的全部。

我常常把自己關在書房裏想！這就是生命！這就是人生？這就是一個少女的初戀？我痛苦！我悲哀！我迷惘！我更徬徨……

更難堪的事終於發生了，是一個斜風細雨的下午，我從市場回來，爹正高興地端詳著一張西式精美的請柬，一看就知道是一張結婚喜帖，設計得新穎而別致，那是我從來沒見過的。我連忙從爹的手上拿過來。帖上的正面印著一幅抽象的圖案，我實在看不懂它的意義，背面橫印著一首小詩，白底金字，特別鮮艷！

你是一張綠葉，
她是一朵紅花，
綠葉呀！
紅花呀！
永遠在一株美麗的樹枝上。

××大學××學系全體同學同賀

再翻開一看，赫然是「叔叔」的名字——李平，女的是張英。不是桌子支持我，我幾乎要倒下去。順勢靠在沙發上，心頭有一股說不出的滋味，是苦，是酸，是辣……我分不出來了，放下帖子，我又一語不發向我的書房跑，書房就好像成了我的避難所，在這裏我可以伏在桌上沉思，可以用被子蒙著頭大哭，就像現在一樣，哭個痛快。

爹說「叔叔」三十多年來爲了逃難，爲了讀書，爲了生活，沒有安定過一天，現在正該有一個家了，正如隨波逐流的浮萍，也正該是生根的時候了。

我實在不耐煩了，打斷了爹的話：

「爹！不要作詩了，人家結婚你高興什麼！」

爹一手抬著老花眼鏡，瞄了我一眼：「好朋友嘛！結婚是椿喜事，我們應該爲他高興，爲他祝福！……」

「爹——」我說：「談談別的不行嗎？」

「行！行！」爸點上一枝煙，連聲答應。一縷濃濃的煙霧，隨著聲音從爹的嘴裏噴出來，我趁機把盈眶的眼淚拭去。

「爹！你看！」我嘟著嘴忙用手帕捂著臉。

爹咧著嘴大笑：「孩子，爹太高興了。」

我臉上的淚水總算擦乾了，但心裏的創痛誰能了解呢？

二

第二年的秋天，終於僥倖的，我考取了C大。

記得，那是我到C大註冊後的第一個星期，那天正是週末，進入學校，見各教室的走廊及校園的大樹上，都貼滿了「歡迎新同學」的標語，標語上的詞句，都是熱情剴切，風趣而幽默；各種海報及漫畫，也是各顯奇能，這情景畢竟比中學大不相同了。

我的心裏，實在樂不可支，費了整個下午，跑遍了全校，也可算是我入學前，對C大的初步巡禮。

傍晚，我們××系的「迎新晚會」，就要開始了，班代表及一些高年級的同學，前呼後擁的，把一位小姐從校園推進了我們的教室，聽他們說：她是前屆畢業的同學，連任了本班四年代表，而且又是全校班聯會的主席。她一進門，場面就開始熱鬧，生動起來，大家嚷著、叫著，鬧成一團。

突然，我聽到班代表在叫我：「文質彬！文質彬！三十四號！」

我心裏一慌，趕緊的從座位上站起來。

「來！」班代表說：「我替你介紹：這是張英小姐，她是前屆畢業的老學長。」

張英向我走過來，拉住我的手，她說：「祝你幸運！」我摸不清是什麼意思，她又說：「我有三年，都是坐這個位子，所以同學們，不叫我張英，只叫我三十四號。」

她豪放而不拘束，說起話來，輕柔悅耳，她說：「妳叫什麼名字？」

我，我瞪著眼睛，一時說不上來……

很久，我才說：「我，啊！我叫文質彬——」

她楞了一下，顯出一種驚愕而詫異的表情。

「咦……」她說：「這名字我好像在那兒聽過的一樣。」

她偏著頭正在想……

這時，外面正好有人在叫她，她拉拉我的手，又被大批男女同學擁了出去。

三

三天後，我突然接到了一張很精緻的明信片，下款印的是××公司李緘。它說：

「質彬：張英說：你已經註冊了，我眞爲你高興！請接受我爲你補致賀意與祝福！願你學業進步，身心快樂！

李平×月×日」

看完了，我隨手夾在一本書裏，微風在耳邊輕柔地飄拂，我倚靠在校園裏一棵榕樹下，一排排的椰子樹，好像少女的長髮，隨風舞踊而婆娑，我平靜的心湖，又波瀾粼粼了！

我極力克制自己的情緒，把飄盪的心鎭靜下來，故意把眼睛投向遙遠的天邊，想藉這遼濶的天際，來鬆弛一下我緊扣的心弦；一朵白雲又無端地從樹梢的頂端，飄盪在我的視界之內。記得，「叔叔」曾經向我說過：「他的一生就有如一片流雲，天空雖然如此寬濶，但總沒有他落腳的地方。」

如今，他有家了！他流浪的腳步停下來了；他有如一葉小舟，找到了避風的港了。想著！想著，不知月亮什麼時候又悄悄地爬上了樹梢，月光也洒滿了校園。

幾個星期很快就過去了，「叔叔」除了寫過幾封信來，談一些讀書做人的事情外，有時也到我們學校來看我，他雖然仍和過去一樣，談笑自若，飄逸風趣，但我老覺得在他的眉宇之間，常常隱現著抑鬱、哀怨；他那清瘦的面容，與其說是憔悴，毋寧說已開始蒼老了！像他這樣三十多歲的人，的確是不應該有這副樣子的；我在心底老是這樣想。

我也說不出是什麼理由，一股憐憫與同情之心，常爲他油然而生。

我同「叔叔」好幾次在一起，我們天南地北，上下古今，似乎無所不談，但有一件事，卻是例外，對他們的家，他從未提起過，我也不願聞問，我好像發現「叔叔」有意在躲開，我更覺得我自己，不知基於什麼理由和原因，不僅我自己不願提，更深怕他提起一樣。更好笑的是，我常常這樣想：假如眞的有一天，他貿然的說：「我的家，我的太太……」我的確不知道，在我的內心會是一種如何的感受？……妬嫉！煩惱！刺激！痛苦！我實在無法知道。

四

又是一個星期天。

也是開學以來，第一個好天氣。無風無雲，晴空萬里。

由於連週春雨，把人的心情弄得越發沉重起來，一旦雨過天晴，人也輕鬆了許多，「叔叔」精美的風景明信片，又飛來了。它說：

「質彬！星期三我們公司放假，我同張英在家等你，你來到臺北一年多了，我們還沒有請過你一次呢？

不管如何忙？我們已經決定了。請記住：九點鐘以前請你一定到達！

李平張英×月×日」

我把明信片讀了又讀，拿不定主意，我雖然猶豫，徬徨，但一想到：「質彬！不管你如何忙？我們已經決定了，請記住：九點鐘以前，一定到達。」他的話，就猶如他這個人一樣，是那樣堅定，那樣耿直。於是，我只好通知他們說：「謝謝你們的邀約，我決定按時去打擾你們了！」

五

回到學校後，我後悔這次的確不應該到「叔叔」家去的；一年多來，我的生活，是多麼的安詳和寧靜，像這樣一個平常的約會，我為什麼不加以婉拒呢！眞的，就如此糊塗地去拜訪他們了，現在想起來，懊悔也來不及了，說不出……心頭有一種難言的滋味。

記得那天，我用顫抖的手，去按「叔叔」家的門鈴時，我的心雖很平靜，但我的情緒，仍然是非常激動。臉上的表情很不自然，那是一定的了。

使我出奇的，張英把門開了，表面上雖然說歡迎我的光臨，我卻發現她：缺少一年前在C大，第一次見面時，那種爽朗、熱烈的豪情了。

她說：「呀！你來了，我們等你很久了！」她一邊關門，一面提高喉嚨，就向屋子裏大叫：

「李平！快來嘛！看誰來了？」

「叔叔」兩手濕漉漉的，從後面跑出來，腰裏還掛了一條圍裙，那副樣子，我一時實在難以形容、描繪出來。

張英說：他在爲他的大女兒洗澡，「叔叔」招呼我坐下來，還沒作禮貌上的寒喧，我就聽到張英在嚷：「你還不趕快到廚房去！」

於是「叔叔」向我點了一下頭，反身又往廚房裏跑，這時睡在搖籃裏的小男孩，又「咕嚕、咕嚕」了兩聲。

「李平！快來嘛！你的兒子拉尿啦！」

「叔叔」向我苦笑了一下，兩手一攤，「這小東西眞會捉弄人哪！」他說。

張英卻微笑地若無其事一樣，換了一張沙發，在我的身邊坐下來，她說：

「質彬！你比一年前漂亮多了！」她似乎沒有耐心去討論這些問題，卻繼續地說：「你看，我結婚才兩年多一點，我眞的成了老太婆了。」

「叔叔」忙著看顧孩子，一面忙著炒菜，我說：

「張姐姐，我們去幫忙吧！」

「不用了！」張英說：「他就是這樣緊張，無事忙！」

奇怪！我雖然耳朵裏聽到的是張英的話語，但心裏卻想到「叔叔」兩年前，那英俊、瀟脫的神態；我不知道是出於同情？或者是憐憫？在我的心底突然升起了一股人生蒼涼與悲哀。

「叔叔」把菜飯擺滿了一大桌，才在我們的對面坐下來，我低著頭，叫了一聲：

「叔叔！」

這次眞的是從我心裏叫出來的，我好像有一股壓抑不住的感情，不知是什麼原因，我覺得，我內心有一股衝動的激情，此時此地，要我叫他什麼我都願意的。

「叔叔」兩手在圍裙上擦了擦，背著手去把圍裙解下來，覺得有無比的輕鬆。他說：

「質彬！今天的菜，雖然不好，但都是我們的家鄉味，能吃就多吃些，學校裏就嚐不到了。」

「叔叔！累你辛苦爲我準備這麼多的菜！」

「坐下來！」張英說：「別再叔叔、叔叔的！妳快把他叫老了！」

張英順手拉了我一下，她說：「叫他李平，他喜人家叫他李平；有如一年前，你們就叫我張英一樣。」

她把頭側過來，她繼續說：「這樣倒是覺得更親切一些。你說，是嗎？」

「張姐姐！這那裏行呢？我從來就叫他『叔叔』的！『叔叔』是我爸爸的好朋友。」

我知道，我說這句話時，臉上的表情一定非常不自然。

端起了酒杯，張英爲我滿滿的斟了一大杯，她說：「你看！他那像妳『叔叔』？」

她帶著笑，像幽默又似乎有在揶揄我。

「叔叔」不好意思地笑了笑，看看張英，又看看我說：

「質彬！你別聽她說，你們這位老學長，最會開玩笑！」

「來！我們一起乾這一杯！」「叔叔」想打開這個僵局，使氣氛融洽歡樂一些。

他把杯子拿起來，在我們的面前，揚了揚，一口就把一杯滿滿的酒喝了下去。

張英同我都是淺淺的嚐了一點點。

「叔叔」要我們也乾了，張英眞的就把桌上的酒杯端起來，分兩次把它喝光了。她把酒杯在我面前倒過來，表示她已經喝乾了！

「質彬！看你的酒，一點也沒有沾？」

「『叔叔』你是知道的，我從來沒喝過酒，今天生平第一次沾了一點酒的滋味。」

「唉！質彬，我說過了，別再喊『叔叔、叔叔』的，叫他李平，不好得多了嗎？」

「張英！你眞喜歡開玩笑，質彬人家叫慣了嗎？」

「誰開玩笑？」張英說。

「不！張姐姐：我本來就叫他『叔叔』的。」

我好像表現得很執拗，甚至說，有些故意反抗的意味在內。

「質彬，你已經是大二的學生了，不再是小孩子了！妳叫他『叔叔』，卻叫我『張姐姐』，不是不倫不類嗎？」

「那……」我茫然地望著她，內心也有一種矛盾之感。

這一頓飯，不知道我是如何吃完的，菜很多，我也沒品嚐出那些菜是一種什麼樣的滋味。

看到「叔叔」重新又繫起了那條油漬兮兮的圍裙，準備收拾殘局，我便站起來，拉了拉張英，我說「明天要考試了，我想早點回學校。」依他們的意思，要我得在那裏住一宿，但我堅決地婉謝了！

我懷著感謝，我懷著歉疚，既惆悵，又懊喪，更迷惘，走出了「叔叔」家的大門，一路上我沉默著，連我自己也說不出來是什麼理由和原因，我的心很酸！很酸！

六

說眞的，不知道是出於我的本意，抑或是蓄意「報復」，我打那次從「叔叔」家回來，我眞的就坦然地，改叫「叔叔」爲「大哥」！

「叔叔」每次到學校裏來，同學們就高聲大喊：「文質彬，你大哥在傳達室等你！」

小楊說：「嗯！你大哥好漂亮啊！」

紅毛更是哇哇叫了：「嗯！文質彬！是你『表哥』吧！我看八成不錯，不用瞞了！」她斜瞟了一下小楊。

小楊在一邊抿著嘴笑。

每次，她們總這樣說：我總是既不說明也不否認，讓他們胡猜去！

至於，「叔叔」對我的態度，也似乎作了一個大轉變，不僅去學校找我的次數頻頻在增加，而且顯然的，比過去更爲親熱與關切，而這關切不僅止於學業，尤其對於我的生活。

——並且，他曾經坦然的告訴我：一個聰明人是把愛情藏在心裏；他說：要像一粒種籽，不到適當的時節決不發芽……

但，我實在不懂那是什麼意思。

以後的許多日子。他除了上班，我除了上課，只要有空，大都把時間消磨在我們學校的校園裏，我倆曾共同惋惜地看著夕陽西下，又歡樂的迎著月亮東升；我倆携手在花叢中漫步，並肩坐在石欄上，數著天上的星星，有時爲了追逐一片從樹上飄落的黃葉，氣喘吁吁，不惜跑遍整個校園。

「叔叔」說：「他有太多的痛苦，太多的憂愁，而且他又是一個不善於排遣煩惱的人，」他反覆注視手上那片枯黃的樹葉，他說：「一個人，不要像這些樹葉一樣，只是爲了裝點這個世界，適合時令，花開葉黃，不由自主；其實，它應該爲自己的生命，找出一點較明顯的意義。」

他最後一次來到學校，是我大四開學後不久，這次是和小英與龍龍三個人一起來的，我一見小英和龍龍，實在太喜愛他們了，他們倆集活潑、聰明、調皮、天眞、自然於一身，同學這個拉他們一下，那個抱他們一把，糖果、玩具，送來了一大堆，他倆更開心了，笑得更多，笑得更甜！

「叔叔」告訴我，他辭去了公司的職務，他說：「他要到一個鄉下去，以後不能來看我了。」

沉默了一會，他拉住我的手，「質彬！你的心意我明白，我很沉痛，我很歉疚，在我的心底，有說不出的感謝，有生之年，我不忘記……」

我的眼淚，流滿一臉，我哭了，但沒有出聲。

「叔叔」的臉，一陣陣的痙攣著，喉嚨梗塞，聲音沙啞，嘴唇一次又一次在顫動，他把眼睛注視在遠遠的那棵榕樹上。

他說：「不要太難過，更不要爲我而悲傷……」

他用手推推我，「快回教室去！」他說：「我要走了！」

我僵直地站著，看到「叔叔」牽著小英，小英拉著龍龍，走上那條平坦的柏油路，兩邊都是高長的椰子樹，他們的背影，遠遠的，遠遠的消失在校園的鐵柵之外。

七

這學期的寒假似乎來得特別的慢。

自看到公佈考試日程那一刻起，我的心就沒有安定過，我極力按住紛亂的心情，總算把各種考試應付過去了。

最後的一場考試，我第一個衝出教室。

——但，一跨出門欄，我又不知道，我究竟應該去那裏。

我在校園裏的陽光下，僵直地靜靜的站了一會，我又發瘋似的，在校園裏亂奔亂逛一陣，只要我同「叔叔」站過坐過的地方，我都去巡視一遍，撫摸一下，我覺得任何一朵小花，一根小草，都覺得可愛。都給予我有無限的依戀……

但，一瞬間，我的心情又變了，又煩躁起來了。

——突然，耳邊似乎有一個聲音，在大喊：

「質彬！快回家去！」

紛亂的心情，突然鎮靜下來了，我安詳地步出校園。

「是的，我該回去了！」我在心裏重複地喊著這句話，一股狂熱在支持我，跑回宿舍，提著那隻行李袋，就匆匆的踏上了歸程。

一路上，行車太慢，到家時已經萬家燈火了。

我敲敲籬笆的門，小黃狗從籬笆的小隙縫中，鑽了出來，親熱地舐著我的腳，嘴裏發出「唔！唔！」的聲音，牠的尾巴搖擺得更動人了。

爹口含煙斗，把門開了，笑盈盈地迎了出來，他說：

「質彬：你這次回來，怎麼沒有先告訴我一聲？放假了嗎？」

「嗯！放假了！我一考完就回來了！快過年了嘛！同學們都想回家哪！」

他點點頭，噴出了一口濃煙，「年輕人在外面，是會想家的。」他若有所悟的說；又好像在自言自語。

屋子裏的大燈，沒有打開，光線是淡淡的，但很調和；黑暗中有兩個小鬼突然在屋子裏跑了出來。

「阿姨！」他倆一個聲音在叫。

我爲這突然的呼喊，感到詫異與驚愕。趕緊放下了那隻沉重的行李袋，仔細一看原來是小英和龍龍。

我蹲下身去，一手攙著小英，一手扶著龍龍，我實在太喜歡他們兩個。

「告訴我小英：你們什麼時候到這兒來的？」

「很久，很久了！」他們仰起頭在回想，那樣更加天眞。

「快四個月嘛！這兩個孩子眞乖，眞乖，眞聰明，實在太引人喜愛了！這四個月來，他們不知給了我多少快樂。」爸接了過去。

「阿姨！我媽媽走了！到香港去了！是我媽媽！——唔……」她停了一下，她說：「她不要我們了！」

我沉默著，把小英拉得更近一些，並把龍龍抱住了；但龍龍和小英的身影，在我的眼前模糊了……

「阿姨！她們離婚了——爸爸辭職了，才到這裏來的……」

我的眼淚有如春天的雷雨，一大顆一大顆的向下掉，爹拉了我一下，我們四個人才走進屋子裏去。

屋子裏的樣子改變得太多了，而且又重新粉刷了一番，色澤新穎而調和，牆上掛著五色壁燈，放射出來的光線柔和而安詳，進得門來就有一股舒適之感。

「去洗個臉吧！」爹說：「李平大概又在大橋的那一頭——聽風聲和看流水了！唉！這年輕人也實在太可憐了，幼年喪母，少小流亡，如今又遭毀家之痛，也難怪他要變了！」

爹在煙斗上換了一些煙絲，然後又繼續的說：「我眞不懂，他一到傍晚，就到村子外的大橋邊……」

「——他在這裏？」我不勝驚訝！

「他來到這裏，不到一個月，山下的那間中學就請他去教書了。他說：『他要在這個鄉下，長久地住下來。』」

八

夜色蒼茫，籠罩著偌大的原野與山崗，涼風輕拂，稍感寒意，我連奔帶跑的，走上了那條柏油路，就遠遠地看見，那座有著白色欄杆的大石橋了。

大石橋像一位忠實的老人，腰背微駝橫亘在寬濶的溪流上。它連接了高山與平原，它拉緊了田園和村莊，它使人與人之間沒有了攔阻，縮短了距離，消失了隔閡……橋啊！你眞是世界上，唯一能代表「連繫與結合」的象徵。

月亮高高地掛在山尖，我走在洒滿了月光的橋上，沒有行人，沒有車輛，這寬濶的長橋，也像正在舒展著身子，安祥地躺臥在這靜靜的夜的懷抱。

我輕輕呼了一口氣，放鬆了自己的腳步，輕輕的，慢慢地走過去。

在月光下，我遠遠的看到橋頭的草地上，「叔叔」把一顆一顆的小石子，丟進正在奔馳的激流裏。

我在靠近他不遠的地方，扶著橋的欄杆停下來：

「大哥！」我打斷了他的思索！

——他驚奇又意外，他一句話也說不出來，只是仰著頭，兩眼凝神的望著我……

「大哥！我回來了！」我依著他的身旁坐下來。

「這麼久也不告訴我一聲，我多想您！」我柔和的說。

「質彬，因爲你了解我，所以我沒有寫信給你……生氣嗎？」

我搖了搖頭。

他握住我的手，緊緊的，緊緊的握著。

月光撒滿了大地，四周靜靜的，橋下發光的激流在奔馳，清軟的涼風，吹響了對岸的竹林。

——我們靜默著，靜默著。

說眞的，此時此地，我倆覺得，談任何一句話，都是多餘的。我倆就以這「沉默」來代替語言，更以這無聲的語言，共訴衷腸……

這時，天上每一顆星辰，都好像用聖潔的清水洗滌過一般，一顆顆都是那麼晶瑩而閃亮；月光更如白玉無瑕，將整個的光輝慷慨地從天上瀉下來，大地如銀，河水如鏡，我從來沒有發現過，星月交輝所形成的竟是如此一幅美好、動人的夜景，我們不禁興起生命顫抖的激情，悄悄地踏著這美好的月色，漫步在這全被星月籠罩的田畝之中。

我倆小心的，緩緩的走著，突然，我發現前面的荊棘叢中，有一小小的珠球，在月光下迎風而搖曳。

俯身下去，仔細端詳，原來是一株小小的紅石榴，多奇妙的小花啊！竟開在這荒野之中，而且時令已經秋末冬初了！大哥伸手把它採了下來，他說：

「這是一朵遲開的小花喲！」

我接過來，輕輕地吻了吻！

「啊！更香！」

大哥激動地擁抱著我。

我衷心充滿了喜悅，我用雙手輕柔地將那朵小花緊貼在我的胸前。

我默默的，默默的，在心底感謝它，爲我帶來這份幸福與快樂。

臺灣日報副刊·小說創作月刊

後記：這篇文章登出後，臺灣日報副刊的主編徐秉鉞先生，來了一封信：「我相信你還很年輕，但是你的文章，已實在寫得很好，恕我坦率以言：文章的內容，固然決定一切，但他的字，畢竟是首先和編者見面的。所以，字不應寫得過分潦草，否則，他會或多或少影響編者，對一篇文章的評價。」他又語重心長剴切以道：「假如碰到一位性格很好的看稿人，他會把你的稿退回，運氣欠佳時，被扔進了字紙簍，燒了，豈不更是冤枉。」這封信太感人了，四十多年後，我還記得，本文原題目爲：「叔叔」。收入「相思林」時，改爲「遲開的花朵」。